告白
平成プロレス10大事件
最後の真実

長州力+前田日明+川田利明+
秋山準+齋藤彰俊 ほか

JN072381

宝島
SUGOI
文庫

宝島社

はじめに

テーマは平成の10大事件。それは「告白」というスタイルをとっている。つまりこれは形を変えた「最後の真実」なのだ。ここに登場しているプロレスラー、関係者のほとんどは昭和という座標軸を生きた人たち。ここに最大のミソがある。

要するに平成はその年号を貸しているだけなのだ。裏を返せば、あるいは別の言い方をすれば、これは「昭和最後の10大事件」という見方もできる。告白者のなかに長州力、前田日明がいることがそれを証明している。

プロレスファンはある部分で事件好き、スキャンダル好き。これは彼ら自体が昭和という尾骶骨を背負っているからだ。「どこまで続くぬかるみぞ」とはまさにこのことだ。事件とは「物語」のことである。新日本プロレスという物語。アントニオ猪木という物語。

時代が昭和から平成に移行していったとき、その物語が消えていった。物語が全盛を極めた時代が終わりを告げたのだ。それが平成の正体でもある。物語のないプロレス、物語のないプロレスラー、物語のない人生。平成の初めに起こった、UWFの崩壊と三派分裂は、まさしく昭和の人間模様、物語の〝終焉〟以外のなにものでもなかった。

猪木は物語、事件の宝庫。その功罪は誰もが認めていることでもある。ミスター高橋による史上最大の暴露本は猪木と関わった者の強烈な副作用と見ることができる。橋本真也と三沢光晴の死は大きな影を落とした。二人はともにプロレスに〝殉死〟したとしか言いようがない。一瞬の流れ星だ。

事件は新日本の専売特許だったが、ジャイアント馬場の急死によって全日本プロレスが分裂。あっさり馬場神話が崩壊したのは想像外の事件だった。ジュリアス・シーザーではないが「全日本プロレス、お前もか！」である。平成プロレス10大事件とは、皮肉にも昭和プロレスの終焉を暗示するという結果になってしまった。

昭和のプロレスを愛したファンは同時に、事件、スキャンダル、物語を愛した人たちだった。それがすでに失われた幻想でしかないという思いが我々のなかにはある。そしていまや時代は平成が終わり、令和の世。昭和は遠くになりにけりだ。

この本を手にした人は、昭和という二文字を胸に刻みながら、最後までその延長戦を生きていくに違いない。平成の10大事件は、まるで自分が歩んで来た昭和という道の〝終わり〟を鏡で見るようなものなのだ。

ターザン山本

装丁／金井久幸（TwoThree）
本文デザイン&DTP／武中祐紀
カバー写真／タイコウクニヨシ
本文写真／原悦生 ほか
編集／片山恵悟（スノーセブン）

平成プロレス10大事件❶
〈平成元年～14年〉

長州政権「ドーム興行」の隆盛と崩壊

平成プロレス10大事件❶ 長州政権「ドーム興行」の隆盛と崩壊

「蝶野は橋本と武藤に出て行ってほしかったんだろうな」

告白 長州力

取材・文●田崎健太

撮影●タイコウクニヨシ

PROFILE

長州力 ちょうしゅう・りき●1951年、山口県生まれ。専修大学入学後、72年にミュンヘンオリンピック・韓国レスリング代表となる。74年、新日本プロレス入団。80年代に入り、藤波辰巳との「名勝負数え唄」で革命戦士としてブレイク。84年に新日本を離れ「ジャパンプロレス」に参加、全日本プロレスに闘いの場を移す。87年、新日本に電撃復帰。現場監督として90年代の黄金期を牽引するも、2002年、再び新日本を退団。WJの旗揚げ、崩壊を経て、ハッスル、新日本など多くの団体に参戦。19年にプロデュース興行「POWER　HALL2019」で引退。

1990年代の新日本プロレス全盛期、最大の立役者は長州力だった。

84年9月、長州は、アニマル浜口、谷津嘉章、小林邦昭、そして寺西勇らとともに「新日本プロレス興行」に移っている。これは新日本の営業部長だった大塚直樹が立ち上げた会社だった。この新日本プロレス興行は、ジャイアント馬場率いる全日本プロレスと業務提携を締結。新日本プロレス興行は、この1カ月後に「ジャパンプロレス」と社名を変更している。実質上は、ジャパンプロレス所属としての全日本への〝移籍〟だった。

この移籍は前年夏に新日本内で起こった「クーデター」と深く関わりがあった。

この頃、新日本は社長であるアントニオ猪木のアントンハイセルなどへの資金の私的流用により経営が悪化。トレーナーの山本小鉄と大塚たちは新団体設立を企てた。このクーデターの責任を取り、猪木、坂口征二、そして営業本部長の新間寿が経営陣から外れることになった。とはいえ、猪木と坂口は新日本の看板である。そのレスラーを外せないとテレビ朝日から反対があり猪木と坂口は元に戻っている。

このクーデターの際、長州は新団体の「団結誓約書」にサインをしている。

長州はこう振り返る。

「新日本のあれだけの収益でビルも建たない、ということは選手も言うんですよね。年間の純利で20億円というのも聞くんです。でも本社は南青山六丁目の（貸し）ビルで、選手の給料は上がらない」

リングの上にいるレスラーは客の入りに敏感である。どうしてこれだけの客が入っているのに、自分たちの年俸は据え置きなのか。それがクーデターの下地だった。

「(新日本では)年間210ぐらい興行を打っていたわけです。売り興行も少なくない。東京のでかいところは必ず手打ちで。それに(テレビ)放映料(収入)でしょ。なのに金がないのは、なんなんだと。だんだんしんどくなっていましたね。そこで、新日本の営業にいた大塚社長から、新しいものをつくろうと声をかけられて、理想を掲げて行った」

長州たちは84年12月から全日本のリングに上がっている。全日本所属の天龍源一郎、あるいはジャンボ鶴田との対戦は大きな注目を集めることになった。

なにより馬場と猪木という二人の違いが、長州には興味深かったという。

「(馬場)代表と(猪木)会長はまったく違いますよね。代表は腰が据わっているというか、動かない。ジャパンプロレスと全日本をちゃんとマネージメントしながらやろうとしていた。あの人は約束したことは破らない人ですから。会長は腰が揺れているというか、ただ、それがいいほうに出たときの爆発力はすごい」

しかし、ジャパンプロレス=全日本プロレスの関係は長く続かなかった。87年3月、長州はジャパンプロレスとの契約を解消したのだ。

この〝出戻り〟の背中を押したのは、マサ斎藤である。

長州より9歳年上の斎藤は、彼の兄貴分であり、よき助言者と言える存在だった。アメリカに拠点を置いていた斎藤は、時折、帰国して新日本に参戦していた。彼もまた85年1月に日本の所属先をジャパンプロレスに変えていた。

「(全日本では)すごくよくしてもらったんです。ただ、若かったし……マサ(斎藤)さんにはギャンブル性みたいなものがあるじゃないですか。〝稼げるのはいまのうちだぞ、お前は黙って俺についてくればいいんだ〟と」

新日本はクーデターで初代タイガーマスクの佐山聡を失い、そして長州たちが去ったことにより、人気低下に喘いでいた。いまならば自分たちを高く売れる。プロレスラーの価値はいかに金を稼ぐかである——アメリカのリングで体を張っていた斎藤は、そう長州に教えたのだ。

新日本への〝出戻り〟交渉は渉外部の杉田豊久が道筋をつけ、営業部の倍賞鉄夫が引き継いだ。長州は倍賞を通じて、副社長の坂口と復帰条件を詰めた。そのなかには新日本の体質を一変するものが含まれていた。

レスラーの査定である——。

そもそも新日本でクーデターが起こったのも、レスラーの〝価値〟がはっきりと査定されていないからであると長州は考えていた。

「プロ野球は数字の世界だと思っているんですよ。どんだけ酒を飲んでいようが、なにをしようが、数字さえ残していればいい。バッターならば3割打っていれば、なにも言われない。でも、レスラーの場合は数字や、勝ち負けじゃない。ただ、（査定が導入されれば）こういう言葉は使いたくないけれど、やり甲斐が出てくるんじゃないかなと」

坂口はこの提案に対して「いまは新日本の経営状態がよくない。よくなったらやる」と約束したという。

前田の言い分に「あの嘘つき野郎め」と反論

長州が戻った新日本は様々な意味で過渡期であった。

前年の86年1月、前田日明、藤原喜明、木戸修、髙田伸彦らが所属していたユニバーサルプロレス（UWF）の経営が立ちゆかなくなり、業務提携の形で新日本に合流していた。彼らは自分たちの道場で練習を続け、リングの上でも自らの流儀を貫こうとした。

そのぎすぎすした空気のとばっちりを長州が受けることになる。

87年11月19日、後楽園ホールで長州&マサ斎藤&ヒロ斎藤の3人と、前田&木戸&髙田による6人制タッグマッチが行われた。

開始8分を過ぎた頃、長州が木戸をマットに叩きつけ、脚を掴んで得意技のサソリ固めに入ろうとした。そのとき、前田がリングの中に入り、長州の背後に立ち右足で蹴り上げた。まったく無警戒だった長州は、蹴りの衝撃で持っていた木戸の脚を思わず放した。みるみるうちに長州の目の周りは腫れ上がり、鼻から血が噴き出した──。

前頭骨に2カ所のヒビが入っており、右前頭洞底骨折と発表された。

前田の著書『真格闘技伝説RINGS』（飛鳥新社）にはこう書かれている。

〈あのときは蹴る前に、蹴りますよという合図で、吉田さん（長州）の肩をポンと叩いているんだよ。これもビデオに残っているよ。そのときに、不意に頭を動かしたんで、つま先が顔に入っちゃったんだ〉

あくまで不意の事故であった、というのが前田の言い分である。

一方、長州は「あの嘘つき野郎め」と冗談まじりにこう反論する。

「あいつ、わざと蹴ったんだよ。あんまり会うことはないけど、たまに仕事で会うと聞くことがある。〝お前、あれわざとだろ〟って。そうすると〝違います、違います〟と言うけどね。あれはわざとだな。まあ、みんな生活かかっているし、一生懸命頑張ってやっているんで仕方がないけどね」

87年2月、前田は新日本から解雇、UWFのレスラーは新日本を去ることになった。

またプロレスを取り囲む環境も変わりつつあった。

80年代前半、猪木、長州、そしてタイガーマスクを揃えていた新日本の中継放送の視聴率は20パーセント超えが当たり前だった。そこからタイガーマスク、長州が抜け、視聴率は下がっていく——。

86年10月、テレビ朝日は金曜日20時から中継していた『ワールドプロレスリング』を月曜日へ。さらに、87年4月からは火曜日に移している。

火曜日への移動の際、『ワールドプロレスリング』の番組名に「ギブUPまで待てない!!」という副題が加えられ、中継が約7割、残り3割がタレントを起用したバラエティ仕立ての番組となった。もはやプロレスだけでは視聴率を維持できないというテレビ朝日の判断だった。しかし、この試みは視聴者の反発を買い、同年10月から再び月曜日へ戻ると、元の中継番組となった。

リングに熱を呼び込もうとした策も裏目に出る——。

ビートたけしが「たけしプロレス軍団」(TPG)を結成、猪木に挑戦するという企画である。しかし、これもまた、反感を受けることになった。12月27日、たけしが両国国技館のリングに上がると罵声が飛んだ。さらに、メインイベントで猪木がTPG所属のビッグバン・ベイダーに敗戦。観客席は大混乱に陥り、新日本が1年間、両国国技館の使用禁止処分を受けるほどの騒ぎとなった。

試合会場の空気を一変させた「現場監督・長州」

新日本、そして長州にとって新たな時代の始まりとなったのは、89年6月15日、坂口征二の社長就任だった。

坂口によると、猪木から参議院選挙に出馬するので社長になるようにと言われたという。そして坂口は現役を引退して、社長業に専念した。

以下は坂口の証言だ。

「あの頃は大変な時代だったよな。会社の借金が10億円もあった。そんな会社の社長を継ぐのはバカかって言った人もいたけどね。でも俺はやることはやってやるという自信はあった」

社長となった坂口は、まず服装から正すことにした。毎朝、ネクタイを締めスーツを着て、会社に通うことにしたのだ。

「相手がみんな俺のことを知っているから話が早いんだよ」

と坂口は笑う。柔道の世界に顔が利き、腰の低い坂口は社外の人間関係を潤滑に回すことができた。

長州は坂口をこう評価する。

「坂口さんはまともだったですね。テレビ朝日とのパイプもちゃんとつくって、全日本とも揉め事を起こさない。ちょっと(馬場)代表に似ているところがあった。だから代表とも手が合ったのかもしれない」

坂口はマッチメイカーに長州を任命し、約束していた「査定」制度を取り入れた。

長州の頭の中ではマッチメイカーと査定制度は表裏一体だったという。

「マッチメイクをして、（レスラーが）なにをやってくれたかという評価を必ずしてますよね」

繰り返しになるが、レスラーの評価は「勝ち負け」ではない。

「だから、（練習、巡業に）付いて歩いて、きちんと見てやらないといけない」

対外的にマッチメイカーと呼ばれることを長州は好まなかった。プロレス専門誌から〝マッチメイカー〟と書かれ、声を荒らげたこともあった。

「マッチメイカーなんか書くんじゃない、この野郎とよくぶん殴ったりしていた。そうしたら、今度は現場監督とか言われるようになってきた。それで、なんだ現場監督って揉めたこともあった」

トレーニングからマッチメイクといった現場を差配する長州には相応しい役職名であったろう。

「現場監督・長州」は試合会場の空気を一変させた。

それまでは控室に記者が入り、レスラーに話を聞くこともあったという。長州はとっつきにくい空気を醸し、記者を追い出した。そして控室の椅子にどっかと座り、腕組みしてモニターでほかのレスラーの試合をじっと見続けた。すべてのレスラーは長州の眼を感じながら試合をすることになったのだ。

長州は新日本の役員となっていたが、レスラーでもある。同じレスラーがほかのレスラーの対戦を組み立て、査定する側に回ることは反発も受けたことだろう。それでもあえて、嫌われる覚悟でその任を引き受けたのか。そう訊ねると、長州は「うん」と言葉を詰まらせた。

「（その役割ができるのは）たぶん俺しかいないんだよね。年代の立場的に考えて。ちゃんと査定されていないと言うヤツは、どこの世界でもいる。（査定を）やってもやらなくても、嫌うヤツは嫌うんです。別に関係ない。そのときに、ああだ、こうだって言ってきたヤツもいるけど、俺は100パーやってよかったと思っていますよ。文句を言うヤツがいなかったわけじゃない。じゃあ、前みたいにすでに決められた契約書をボンと出されて、サインするのかしないのか。そっちでやればいいというだけ」

長州は現場監督を引き受けてから、一つの決まりを自分に課した。

「レスラーと飯を食いに行くことはないなと。一番下の人間、洗濯物をやっているヤツ、付き人をやっているヤツを誘って飯を食いに行った。上のほうの何人かには付き人がついていたから。洗濯をやっている間は、時間が空いている」

もちろん試合が終わったあとなので、開いている店はかぎられている。

「まあ、深夜になる前だよね。とにかく遅い時間は遅い時間。ラーメン屋だったり、中華料理だったり、焼肉屋だったり。そのとき、付き人をやっていたヤツ、棚橋（弘至）、飯塚（高史）、真壁（刀義）はみんな行っている」

この坂口＝長州体制のエンジンとなったのは、武藤敬司、橋本真也、蝶野正洋の84年に入門した同期3人、「闘魂三銃士」だった。

長州はこの3人をそれぞれこう表現する。

まずは武藤敬司――。

「あいつに毛が生えている頃は、（女性から）キャッキャと言われていた。いまで言えば、飯伏（幸太）に似ている。藤波（辰巳）さんがニューヨークから帰ってきたとき、若い女性のファンができた。敬司はそういう要素を持っていた」

78年1月、藤波はWWWFジュニアヘビー級王座となり、ニューヨークから帰国。端正な顔つき、筋肉質の身体で人気を集めた。

「それであのデブでしょ」

もちろん、橋本真也のことだ。

「ただ、見方を変えればチンタが一番インパクトがある。プロのレスラーとしての激しさを持っていたのはチンタだな」

長州は「ちんたら」練習することから、橋本を「チンタ」と呼んでいた。

「蝶野はなにも喋らないとか、ストイックとかじゃないんだけれど、人にそう勘違いさせるなにかを持っている。ダンディズムって言うのかな。だから、nWoも蝶野に担当させるとうまくつくり上げていく。あれにチンタなんか似合わないですよ」

蝶野は96年に新日本と提携していたWCWに参戦。ハルク・ホーガンのnWoに加入した。帰国後はnWoJAPANを結成。nWoJAPANはヒールユニットとして人気を博し、ロゴの入ったTシャツは6億円を売り上げている。新日本の「闘魂ショップ」ではグッズ販売に力を入れるようになっていた。三銃士はそうした新しい時代の象徴となった。

査定交渉で一番ゴネたのは「敬司」

90年代の新日本の経営状態を好転させたのは、東京ドーム、福岡（現・福岡PayPayドーム）ドームといった数万人収容可能なドームが建設されたことも大きい。これまでと桁が一つ違う興行収入を手に入れることができるようになったのだ。

長州が現場監督としてドーム興行を初めて仕切ったのは、90年2月10日の「スーパーファイトin闘強導夢」である。現場監督に就任した翌年のことだった。全日本との交流戦として長州はジョージ高野とタッグを組み、天龍源一郎&二代目タイガーマスクと対戦している。

この大会では元横綱の北尾光司がプロレスデビューを飾っている。北尾は不完全燃焼の横綱だった。幕内での優勝経験がないまま横綱昇進、そして一度も優勝することなく、部屋から脱走し廃業。プロレスを愛する人間はほかの競技からの華々しい転身に懐疑的だ。そして北尾のなかに傲慢さを見てとった観客は、冷たい視線を浴びせた。精神的に脆い北尾は、そうした扱いに焦り、周囲に八つ当たりするようになった。デビューから5カ月ほどたった7月23日のことだった。

青森県十和田市での大会前、長州はいつものように移動バスの一番前に座っていた。乗り込んでくるレスラーの顔色、様子を観察してマッチメイクに生かそうとしていたのだ。

以下は長州の回想である。

「彼は前の日になにかあったのかな、今日、仕事はやらないとか言い出したんです。彼は自分で思っていたような試合ができなかったのかもしれない。(ただ)入門して1年そこそこで(満足な仕事が)できるはずがない。そんなことは十分、わかっているんです。仕事をできないって言うから、じゃあ、(バスから)降りろと言った。彼は平気な顔で降りた。そして俺がバスの前でなんか話したのかな。そうしたら、〝うるせー、この朝鮮野郎〟と」

長州は顔色を変えずに「お前、アウトだ」と言い返したという。長州は続ける。

「(プロレスというのは)起きたことを材料にしなきゃいけない。ただ、材料にできるものと、できないものがあるよな。材料にできないものが起きたとき……材料にするか、しないか。北尾の場合はしませんでしたね」

90年9月、北尾は新日本から契約解除されている。

きちんと機能する組織には序列があるものだ。北尾は体格に恵まれ、横綱という看板があった。新日本にとって欲しい人材だったろう。しかし現場を仕切る長州に刃向かうことは許されない。長州体制を堅持するため、北尾を切って前に進んだのは、正しい判断だった。

長州が現場監督の話をする際、成功例としてあげる二つの試合がこの翌年、91年なのは偶然ではない。

一つは4月30日、「トップ・オブ・ザ・スーパージュニアⅡ優勝決定戦」である。これはジュニアヘビー級の王座決定戦でもあり、決勝で獣神サンダー・ライガーと保永昇男が対戦。保永が勝利した。

「国技館で〝保永コール〟が起きた。誰も保永(が優勝する)なんて、思ってなかったでしょ。本人は〝まさか〟と思ってるわけだ。選手本人が〝まさか〟だったら、ファンはもっと〝まさか〟なわけだ」

日の当たらない中堅レスラーであった保永が名前を連呼される試合となった。

そしてもう一つはこの年から始まった新日本最強のレスラーを決める、「G1クライマックス」である。

長州自身は予選リーグ全敗で敗退。ダークホース的な扱いを受けていた蝶野が、決勝で武藤を破り優勝した。翌年の第2回でも、首を負傷していた蝶野が2連覇。闘魂三銃士のなかで地味な存在だった蝶野が「夏男」の称号を得て躍進する結果となった。

「あの頃は裏切る方向に頭がいっていたよね。ファンというのは自分が望んだ風になるよりも裏切られたほうが歓声を出す。あのときの両国（国技館）はいまでも覚えている」

自らに言い聞かせるように「綺麗なインパクトなんてない。インパクトはつくるもんじゃない」と呟いた。

「本人の実力がないと（インパクトは）できない。あと、きちんと努力している人間には、報いてやろうって気持ちはありましたね。（トレーニングを）やってるヤツとやってないヤツの違いは必ず出るんです。だから、僕は〝練習しろ。お前たちは、プロなんだよ〟と口うるさく言いましたね」

そしてこう付け加えた。

「高い波には1人しか乗れない。でも波を越すのは全員で波を越さないといけない。でも乗るヤツは1人。全員で波を起こしながらそこに向かっていって、最後に乗るのは1人だよ、と。これはいまでも変わらない」

新日本の看板になった闘魂三銃士は査定で長州の頭を悩ませることになった。

まずは営業を担当していた倍賞鉄夫と話し合い、選手年俸総額を決める。

査定交渉は、若手レスラーから始まり、中堅、そして闘魂三銃士で終わるという順番だった。なかには電卓を持ち込み、どれだけ上がったのかその場で計算するレスラーもいたという。

「三銃士（の年俸がほかよりも高いこと）に対する不満はなかった。野球（選手）の（成績の）数字はプロレスラーにとってなにかというと、観客が動員できるかどうか。三銃士もしんどいことをやっているわけで、明日から彼らと同じことをやれって言ってもできない」

なかなかサインをしなかったレスラーが一人だけいた。

「だいたい長くても1時間ぐらいなんです。1日2日遅れて、というのは（武藤）敬司だけ」

交渉が長引くと、社長室にいる坂口の視線を感じることがあったという。社長として三銃士の年俸交渉を気にかけていたのだ。

「三銃士が来る前の日には、〝明日は大変だなぁ〟とか。〝あの金額（選手年俸総額）を超えたらどうするんだぁ〟とか言っていましたね」

武藤が立ち上がると、坂口が駆け寄ってきた。

「終わったのか」

「いや、あの野郎、ちょっと休憩とっていいですかって」

すると坂口はがっかりした表情で「休憩かよ。不服なことを言っているのか？」と低い声で言ったという。

レスラーすべての年俸交渉が終わり、残った分が長州の年俸になった。

「(レスラー年俸の総額) 枠があるけど、選手はどれくらいなのかわからない。やっぱり自分はもっともらってもいいんじゃないかって考える。でもこちらは枠がわかっている。(倍賞) 鉄っちゃんに、〝これだけ (レスラーに払う) だと俺のもらう分がないけど、どうすんの、こっちは泣くつもりはないよ〟って言ったこともあった。そうしたら〝それはそれでまた考える〟と」

北朝鮮興行の〝経費2億円〟の保証人になった長州

長州が辣腕をふるうことができたのは、猪木が国会議員となり、新日本から離れたことが大きい。

『東京スポーツ』出身の永島勝司をマッチメイクに関わらせたのは、猪木対策であったと長州は明かす。

「（永島が）新日本に入社してマッチメイクのほうをやるようになった。一時期会長の〝お側付き〟みたいなことをやっていたでしょ、それはそれでいいなと思っていた。会長と繋がっているわけだから」

そうした気遣いを猪木がどんな風に感じていたのかははっきりしない。猪木の気まぐれは、しばしば坂口や長州たちの頭を悩ませた。その代表的なものが、95年4月に北朝鮮の平壌で開催した「平和の祭典」である。

テレビ朝日の元プロデューサー、栗山満男の著書『プロレスを創った男たち〜あるTVプロデューサーの告白〜』（ゼニスプランニング）から引用する。

〈このイベントは、猪木と新間の後釜に座った永島勝司（当時、新日本プロレス取締役企画部長）が仕掛けたもので猪木にイラク人質解放以来の世界の注目を集める大イベントになると進言し、それに悪乗りした猪木が北朝鮮側からの「2億5000万円のギャラを用意する」の言葉を鵜呑みに2億円の経費をかけて突っ走ってしまったものである〉

この本によると猪木と永島は何度も北朝鮮に足を運んで打合せを繰り返していたという。この金策には裏があったとも書かれている。

〈冒険など絶対といっていいほど犯さない代表の坂口征二、本来ならば大反対のはずであったが、この経費を貸してもいいという人物が現れ、その人物に新日本は約束手形を振り出し、借り入れることになったのだ。当然、その人物も北朝鮮から入金になるはずの「2億5000万円」を信じたからである。

ただ、この金員を用立てた人物は新日本が振り出した手形の保証人（裏書人）を同胞の長州力がなるのであれば、という条件を付けたのである。

この人物は札幌を中心に大きなパチンコ店などを経営している実業家、韓国籍のF氏で、同じ韓国人の同胞という関係から以前から長州の面倒をよく見ていた、いわゆるタニマチの一人であった〉

しかし、北朝鮮から2億5000万円の振り込みはなかった。当然、経費分が焦げ付くことになる。

〈モハメッド・アリまで呼び、選手、スタッフ、報道陣などすべての関係者にチャーター便を用意して平壌入りをしたのだから、経費に2億円かかったのも当然だろう。イベントは一見大成功に終わったかに見えたが、さて、その後、北朝鮮から支払いに関する連絡もなければ、関係者とも連絡が取りづらくなるという状況に陥ってしまったのである。

日本プロレス界のメジャー団体新日本プロレスといえども2億円の借金を抱えたのは、あのアリ戦以来であり、一時的であってもそれ相応の収入がなければ、倒産を覚悟しなければならないという窮地にまで追い込まれた〉

テレビ朝日は新日本に役員を送り出しており、経営状態を把握できる環境にあった。テレビ朝日の社員だった栗山の一連の証言は信じていいだろう。

当時、韓国籍だった長州はこの大会に参加していない。それにもかかわらず、手形の裏書きをさせられ、猪木と永島の不手際を一方的に押しつけられることになったのだ。

当時のことを訊ねると長州の口は重い。

「北朝鮮の興行に対して会議をやったんだけど、新日本が荷を負うような話を聞いたことはないんだよな。でも実際、2億何千万円をなぜか背負った。なんか背負ったんだよ」

長州は坂口と話し合い、東京ドームで興行を打ち、その補塡をするという結論になった。問題は東京ドームを満杯にできるだけのカードを組めるかどうか、である。

そのとき、長州の頭にはある団体の名前が浮かんでいた。UWFインターナショナル――通称Uインターだ。

宮戸を交渉から外した理由

91年、第二次UWF解散後、髙田延彦を中心にUインターが立ち上げられた。

髙田は元世界ボクシング評議会（WBC）世界ヘビー級王者のトレバー・バービッ

クと対戦し、勝利（91年12月22日、両国国技館大会）。バービックはアリにも勝利したことのある現役ボクサーである。異種格闘技戦で強さを打ち出す――70年代の新日本の手法を連想させた。

Uインターが目指したのは、ビル・ロビンソンに代表される、関節技をはじめとする格闘技術、〝キャッチ・アズ・キャッチ・キャン〟に裏打ちされたプロレスだった。新日本のレスラーに関節技を教えた、カール・ゴッチもまたキャッチ・アズ・キャッチ・キャンの背景を持っていた。

新日本に入門直後、長州は西ドイツを経て、フロリダに渡った。フロリダにはゴッチの自宅があったのだ。のちに藤原や佐山は喜々としてゴッチの自宅に通い、関節技を習得した。一方、長州は数カ月でゴッチから教わることを拒否した。

長州は韓国代表としてミュンヘンオリンピックにも出場しているアマチュアレスリングの実力者である。関節技が必要になるのは、マットに倒れ、グラウンドでの攻防になってからだ。

「スタンド（の状態）から始めて、僕のバックを取れる人間はいませんよ」

というのが長州の言い分である。

つまり、自分を倒すには、脚にタックルを入れて、背後に回らなければならない。そもそも自分にタックルを入れて倒すことのできるプロレスラーなどいない。それにもかかわらず関節技だけを声高に語ることに長州は違和感があった。

また、Uインターは他団体を挑発する紊乱者でもあった。Uインターの頭脳と呼ばれた宮戸優光は、当時の手法を「あえてほかと敵対することによって、緊張感をつくる」と表現する。

92年夏、前述のように蝶野はG1で2連覇を成し遂げている。その後、『週刊ゴング』で〈ほかの団体と交流戦をやるのならば髙田さんとやってみたい〉と発言した。この発言をきっかけに、Uインターは、記者を引き連れて新日本の事務所をアポイントメントなしで訪問。「対戦要望書」を手渡している。

さらに94年2月、Uインターは記者会見を開き、4月に賞金1億円の「プロレスリング・ワールド・トーナメント」を開催すると発表している。テーブルの上に現金1億円の札束を積み重ね、他団体に所属するレスラーに出す招待状を披露した。招待状の宛先は、新日本の橋本真也、全日本の三沢光晴、WARの天龍源一郎、リングスの前田日明、そしてパンクラスの船木誠勝の5人となっていた。

もちろん、どのレスラーもこの招待には応じなかった。

こうした動きは長州の神経を逆なでした。『週刊プロレス』の取材で、長州は宮戸をこう罵倒している。

〈あのヤローがくたばって墓建ったら、オレはクソぶっかけてやるって書いていいか

ら。書いとけ、ホントに。恥さらしが……〉

Uインターは新日本と長州にとって、頭上をうるさく飛び回る蝿だった。Uインターと対抗戦を行えば、東京ドームは満員になることだろう。そして、Uインターを叩き潰す――。

長州はこう振り返る。

「Uインターが経営的に厳しいというのは耳に入っていた」

つまり向こうも対抗戦という〝果実〟を欲していたのだ。長州は、慎重に、そして内密に事を進めた。まずは厄介な宮戸を交渉の当事者から外している。そして、新日本側も平和の祭典の補填で頭を悩ませていることは、交渉の席ではおくびにも出さなかった。

そして95年8月24日、長州と髙田が記者会見の席上、電話で話をするという形で新日本vsUインターは報道陣に公表された。

長州は受話器を置くと、「よし、やるぞ、逃がさんぞ」と大声を張り上げ、「空いている会場を探してくれ」と営業部員に指示した。そして、10月9日、東京ドームが空いていますという報告が入った。長州は新日本とUインターの試合日程を確認したあと、こう言った。

――よし、押さえろ。

永田の起用はUWFに対する100パーセントのシュート

この対抗戦はチケット発売とともに完売となった。当日は立ち見席を解放、2000枚の当日券を用意することになった。

そして9月23日、横浜アリーナで行われた新日本の大会で、長州&永田裕志vs安生洋二&中野龍雄の試合が前哨戦として行われた。

長州はタッグを組む相手に永田を指名したことに大きな意味があったのだと明かす。

「あれはみんなわからなかったと思うけれど、囲碁で言えば布石。僕にとってのシュートなんです。UWFに対する100パーセントのシュート。なぜ新弟子の永田をパートナーにして、あのUWFのカードの軸になったか。なぜ僕のパートナーとしてUWFと交わらなければいけなかったか」

68年生まれの永田は日本体育大学から92年に新日本に入門した。日体大時代はレスリング部に所属し、88年に全日本学生選手権、89年に全日本大学グレコローマン選手権で優勝している。

「あいつはただの新日本の（若手）レスラーですよ。ただ、あいつは学生で日本チャンピオン、それもグロコローマンなんだよ。安生たちも活きがよかったから、（対戦させるには）永田が一番いい。俺はムチャクチャ安心だった。だってあれ、現役を終えたばっかり。倒せないよ。俺から言わせれば、永田なんてぺーぺーなんだから、右腕一本でこなせる。新日本の底力というのはそういうのがありますよ」

長州はそこで言葉を飲み込み、ハハハハと笑った。

「うん、それは向こうも感じていたと思うよ」

長州は本当に大切な話をするとき、話をわざと省略したり、飛躍することがある。

彼の言葉を補うとすれば、こういうことだろう——。

レスリング競技のグレコローマンスタイルでは、競技者は腰から下の攻防を禁じられている。つまり、上半身の力が飛び抜けて強いということだ。その競技のために身体を鍛え続けていた永田はアマチュアレスリングの俊敏さをまだ持ち合わせていた。

安生たちは永田と肌を合わせた瞬間、倒せないと絶望するはずだ。新日本には本物の強さを持ったレスラーがごろごろ転がっている。関節技をどれほど習得しようが、格が違うのだということを見せつけようとしたのだ。

誤算だったのは永田が短気であったことだ。

「永田はなぜ自分が起用されたのかわかっていなかった。お前は一生懸命やれ、最後は俺が出ていくからって（送り出した）。そうしたら永田の顔面にバーンって入っちゃって、一瞬コントロールが利かなくなった」

試合は中野が永田を押さえ、Uインター側の勝利で終わった。相手を威圧しながら、花を持たせたのだ。

最初からUインターを潰すつもりだった

そして10月9日、東京ドームでの新日本vsUインター、全面対抗戦を迎えることになった。

当日券を求めて、雨にもかかわらず前夜から東京ドームの周りには行列ができた。当日券は45分で売り切れ。新日本の発表によると、入場者数は6万7000人。これまでの東京ドームのすべてのイベントでの動員記録を塗り替えた。

長州は第5試合で安生とシングルマッチを行っている。試合開始前、テーマ曲である「パワーホール」が流れ、長州はいつにもまして、不機嫌そうな顔でリングに上がった。軽やかに動きまわる安生の技を受けても、長州は顔色を変えることもなく、淡々と試合を続けた。4分45秒、長州はラリアットで安生を倒し、サソリ固めで勝利した。わざわざ力の差を見せつけるかのような試合運びだった。

試合後、「長州さん、キレましたか?」と訊ねられ「キレちゃいないよ」と返した。安生は自分が本気を出す相手ではないという口ぶりだった。

そしてメインイベントでは、IWGPヘビー級タイトルをかけて武藤と髙田が対戦した。

「敬司はね、綺麗な水のなかで泳がせれば、すごい選手だよ。言いたくはないけど、あいつは天才的なところがあった。膝さえ故障しなければ、本当にすごい選手になっ

ただろう」

長州はこの日も控え室のモニターで二人の試合を見ていた。

「髙田も身体的能力は高い。敬司は（それに対して）臆さないところがある。どうなの？ ついてこれるのって。見ていると髙田が次にどう展開しようとしているのかがわかる。敬司はその動きに合わせることができた。髙田はシュート（の練習）を一時期、やっていたせいか、間がないんです。敬司はなにかやるとき、まず客の反応を見る。髙田は必死にやっているので間がない。ここで間を持てば、何万人（もの観客の心）を捕まえることができるのに。敬司は客（の気持ち）をバーンと上げて、次（の技）に移行することができた。髙田はそれを追いかけるしかなくなった。敬司っていうのは、やっぱり天才だよ。（髙田の存在を）食うだけ食ったね」

16分16秒、武藤が足4の字固めで髙田に勝利。対抗戦の結果は、新日本の5勝3敗で終わった——。

その後、新日本に養分を吸い取られたかのように、Uインターは急速に色あせていった。そして対抗戦の約1年2カ月後の96年12月27日の大会で解散。

最初から対抗戦でUインターを潰すつもりだったんですね、と訊ねると長州は頷いた。

「ああ、思ってました」

Uインターとの対抗戦は長州の現場監督としての最高傑作だった。そして新日本の黄金時代は盤石となったはずだった。

「あの頃は下手な（野球）球団よりもギャラはよかった。その代わり、年間260（試合）をやっていたからね。野球とくらべるととんでもない試合数だった」

新日本に復帰する際、長州はプロ野球球団の年俸を頭に置いていた。その思い通り、レスラーの収入はプロ野球選手に肩を並べ、新日本は黄金時代を迎えようとしていた――。

この坂口＝長州体制について、坂口はこう語る。

「新日本をつくったのは猪木さんですけれど、育てたのは坂口さんと僕です、って。長州の名言だよ。長州はうまいこと言うなって」

89年に坂口が新日本の社長を引き継いだときにあった約10億円の借金は、10年かからず完済したという。

その最後の〝支払い〟は、長州が好んで話題にする話の一つだ。

「坂口さんと二人で銀行に行ったことがあるんです。坂口さんが〝長州、今日で借金終わるぞ～、銀行、行くかぁ〟って。応接室に通されて坂口さんが〝これで全部終わりです〟って。それで坂口さんが冗談で〝次から違う銀行にします〟と言った。そうすると向こうは〝いやいや、少し残しましょう〟って。帰り道、坂口さんが〝銀行ってこういうもんだぜ〟と話したのを覚えています。坂口さんは（経理に）細かいからよかった」

そして、あのときは、社内の人間関係もうまくいっていたと、長州は懐かしがるのだ。三銃士が育ち、長州は自らの身を引くことを考えるようになった。

「ああ、これはあと1、2年ぐらいで俺たちの部分は終わって、こいつらでやっていけると思った」

しかし、その目論見は崩れることになる。長州と坂口が築き上げた新日本に穴を開けたのは〝格闘技ブーム〟だった。

格闘技路線に反対し現場監督を解任

格闘技がビジネスとして大きく動き出したのは93年のことだ。

この年、キックボクシング、カンフーなど頭文字が「K」の格闘技の選手を集めた「K-1」が始まり、日本で「パンクラス」、アメリカで「UFC」という総合格闘技団体が旗揚げしている。その後、「PRIDE」が始まり、90年代後半は総合格闘技がビジネスとして確立されていった。

こうした新しい流れに長州は距離を置いていた。

「何回も言ってきたことだけれど、格闘技系、シュート系というのは年に3、4回しかできない。格闘技はブームになっていたけれど、うち（新日本）が触らなければいい。やはり（新日本には）根強いファンが多い」

パンチ、蹴りなどの立ち技を中心としたK‐1、その後に現れた寝技も使えるPRIDEにしても、選手の身体への影響を考慮しなければならず、プロレスのように毎日試合することは不可能である。

まったく新しいビジネスモデルを採用するのでなければ、試合数に限界がある以上、選手の収入も頭打ちになる。それは、現場監督として査定を行っていた長州の実感であった。

「給料5万、10万でもいいから（総合格闘技を）やりたいという志、気持ちはわかる。でも、5年も持たないだろうなと。僕たちは何年もかけて、高い波に乗るわけですよ。格闘技というのはその瞬間。誰が波に乗るかというのは、ファンが望もうが望まないが（関係ない）」

長州は少し考えた後、こう言った。

「格闘技の選手というのは、瞬間的に光るけれど、瞬間的に消える。マッチと一緒。でもレスラーはマッチじゃない」

しかし――。

長州と違って、猪木はプロレスの枠を超えることに貪欲だった。95年7月の参議院選挙で落選した猪木は、再び新日本のなかに手を突っ込もうとしていた。

96年に世界規模の格闘技統一組織を目指すという「世界格闘技連合」を発足させている。この世界格闘技連合はのちにＵＦＯ（世界格闘技連盟）となった。ここにバルセロナオリンピック銀メダリストの小川直也を所属させている。

97年4月12日、新日本の東京ドーム大会で小川は橋本真也との異種格闘技戦で対戦。小川はこのデビュー戦で橋本を裸絞めで破った。

猪木と長州がはっきりと衝突したのは、99年1月4日、東京ドームでの橋本vs小川戦だった。

小川は橋本に馬乗りになると、拳で顔を殴りつけた。プロレスには、翌日の試合に影響するほど相手の身体を傷つけることはしてはならないという不文律がある。そのため、拳で殴りつけるのは衝撃を吸収できる筋肉のついた部分であり、鼻骨など折れやすい顔面への殴打は避ける。小川はそれをあえて犯していた。

試合終了のコングが鳴ったあと、小川は不遜な態度でマイクを持つと「もう終わりかよ。新日本プロレスのファンのみなさま、目を覚ましてください」と挑発した。

リング上で新日本とＵＦＯの選手たちが揉み合っていると、控え室にいた黒いウィンドブレーカーを着た長州が走って出てきた。長州はリングに上り、揉みくちゃにされながら小川に近づき「それがお前のやり方なのか」と詰め寄ったのだ。

顔を赤く腫らした橋本は試合後の記者会見で憤然とした表情だった。

「絶対に許さないよ。そういうファイトで来るんだったら、俺も行くよ。なにがアントニオ猪木だ。けしかけて、けしかけて。もう小川の眼は飛んどるやん」

と小川の行動は猪木の意向であったと語っている。

この試合のとき、実は冷静だったと長州は振り返る。

「結局、どういう形で収まったのかわからないけど、俺はチンタのところ（控え室）には行かなかった。これをどう（興行の）材料として使うか、できるかできないか、ドームでやろうかって頭はそっちにいっていたと思う」

そして2000年4月には、東京ドームで「橋本真也34歳、小川直也に負けたら即引退！スペシャル」と銘打った大会を開いている。あくまで長州は現場監督として興行を続けることが最優先だったのだ。

長州は現場監督として冷静に接していたとしても、猪木との溝は確実にできていた。そして、それは時間が経つとともに深くなっていった。

99年6月、坂口が会長となり、社長に藤波辰爾が就任した。役職上は坂口の昇進ではあるが、実際は実務から外されたということになる。坂口によると、取締役会の前日に猪木から退任を告げられたという。

さらに、02年2月、今度は長州が現場監督から外された。これは猪木の総合格闘技路線と関係があるという。

「僕が外れないかぎり、（新日本のレスラーは）誰一人、（総合格闘技の試合に）出られない。僕は〝触るな〟って、触らなければ……うん……（総合格闘技のブームは終わる）。僕はある程度（猪木）会長の考えを継承しながら新日本を動かしてきましたから、なぜ会長がそっち（総合格闘技）に行くのか（理解できなかった）」

長州を現場監督から解任したのち、猪木は自らが立ち上げていた猪木事務所に所属させる形で、新日本のレスラーをPRIDEなどのリングに上げている。

「（総合格闘技から）インパクトをもらって興行をやっていくのが新日本の強さなのに、どうして反対のことをするのか。会長自身は、自分が全面に出られるというものがあったのかもしれないけど、選手がそれに乗って出たら……。（総合格闘技ブームは）ばーっと瞬間に火が付きましたけど、絶対にそんなに長く燃えていないですよね」

同時期、長州自身にもヒクソン・グレイシーと対戦するという話も持ち上がっていた。

「そういう話はありましたよ。流れはありました。あったけど、契約までいくという話ではないです」

ヒクソンと対戦するならば、新日本の興行に寄与する形でなければならない。つまり、ヒクソンを新日本のリングに引き込むということだ。そして、それはヒクソンにとって受け入れられる話ではなかった。

ヒクソンに長州戦について質したことがある。彼の答えはこうだ。

「私がプロレスのリングで試合することはありえない。つまり、〝リアルなファイト〟だと思っていない観客のいる会場で真剣勝負はできない。新日本のリングに上がることは私のポリシーに反する。試合が成立するとすれば、PRIDEのリングしかなかった。しかし、彼（長州）はその選択をしなかった」

新日本退団で猪木を猛烈批判

そして長州が後継者としてあとを託していた三銃士も新日本から心が離れていく。

まずは、橋本真也だった。

00年10月、「新日本プロレスリングZERO」を設立。当初は新日本内の団体という扱いだったが、11月13日、橋本は新日本から解雇され「ZERO-ONE」として独立することになった。そして翌01年3月に両国国技館で旗揚げ興行を行っている。

この時点では長州にそれほど危機感はなかったという。

「橋本だけでなく、（武藤）敬司と蝶野も出ていくとしんどいなと。でもチンタだけだから。敬司はのらりくらり天秤にかけた。蝶野は二人とも出ていってほしかったんだろうな。なんか見ていてわかった」

続いて、02年1月に武藤が新日本から全日本プロレスに移籍した。

そして、02年5月末、長州自身も、自分が育て上げた新日本から去ることになった。

「そのときは会長と話をしました。なにか嫌なことがあったら言ってください。でないと、僕は会長と足（並）を揃えていくことはしんどくなってきた」

足並みを揃えるとは、猪木が推し進める格闘技路線のことだ。

「代弁するという気持ちはなかったけど、選手がしんどい思いをしているなというのがあった」

話し合いのあと、長州は新聞記者に怒りをぶちまけている。

〈いま考えれば、あの人の弟子とかそういうものはいないんじゃないか。みこしを担ぐ人間はいたが、周りにはほとんどいないよ。あの人が唱えたことは、出ていくものは大きいけど、返ってきたものはなに一つない。「世界発進していく」と10年間やったが、なんのメリットがあったのか？　興行会社としてなに一つ実にならなかった。オレにはそれを言う権利があると思っている。それなりのものを舵してきたから。それをあの人はわかっていない。（中略）

とくにここ1～2年は最悪だね。橋本（真也）以降は……。まあ、あのバカも犠牲者かもしれない。庇うつもりはないけど……。いや、あのバカは犠牲になって当然かな。ハハハッ…〉（東京スポーツ・02年6月2日付）

橋本、武藤、そして長州が去り、新日本は暗黒時代のトンネルのなかに入ることになったのだ。

平成プロレス10大事件❷

〈平成3年〉

第二次UWF崩壊と3派分裂

解散後1週間での3派分裂に、一切事前準備はなかった

告白

宮戸優光
安生洋二
鈴木健

UWFインターナショナル元取締役

PROFILE

安生洋二

あんじょう・ようじ●1967年、東京都生まれ。第一次UWFに入門し、85年7月、星名治戦でデビュー。その後、第二次UWF、UWFインターナショナル、キングダムに所属。以降はフリーとして 全日本プロレスやハッスルに出場。さらにK-1やPRIDEといった格闘技興行にも参戦した。2015年3月、引退。現在は、Uインター時代の取締役、鈴木健が経営する焼き鳥居酒屋「市屋苑」で修行中。

取材・文●堀江ガンツ
撮影●チームフルスイング

PROFILE

宮戸優光

みやと・ゆうこう●1963年、神奈川県生まれ。85年に第一次UWFでデビュー。新日本プロレスとの業務提携時代、第二次UWFを経て、91年に髙田延彦らとUWFインターナショナルを旗揚げ。参謀役として数々の仕掛けを行い、“Uインターの頭脳”と呼ばれた。95年に退団後、99年にビル・ロビンソンをヘッドコーチに招き、「UWFスネークピット・ジャパン」を設立。2008年から約4年間、IGFゼネラルマネージャーも務めた。

PROFILE

鈴木健

すずき・けん●1953年、東京都生まれ。世田谷区用賀での文房具店経営時代に髙田延彦と出会い心酔し、公認のファンクラブを結成。91年、UWFインターナショナルの取締役に。各団体のトップ選手に参戦を呼びかけた「1億円トーナメント」が波紋を広げるなど、仕掛け人として存在感を見せる。96年にUインターを解散。現在は、焼き鳥居酒屋「市屋苑」オーナー。

昭和の終わりに誕生し、社会現象と呼ばれるまでのブームを巻き起こした第二次ＵＷＦが、わずか2年半で崩壊。３派に分裂したのは、平成プロレス初期の大事件だった。

崩壊のきっかけとなったのは、１９９1年1月7日、前田日明邸で行われた選手会議だった。前年からゴタゴタが続いていた神新二社長体制から離れて、新たにＵＷＦを再スタートするにあたり、前田が「俺を信用できるか？」と選手ひとりひとりに迫った際、宮戸優光と安生洋二が反発。これに対し前田が、「一人でも俺を信用できないヤツがいるなら解散だ！」と宣言すると、ＵＷＦはあっけなくバラバラとなり、その歴史に突然の終止符を打つことになってしまった。

このときの様子は、２０１7年小社から発行された『証言ＵＷＦ 最後の真実』でも、各選手の口からそれぞれ語られているが、証言が微妙に食い違うところも少なくなかった。

そこで、当事者である宮戸と安生、そして当時ファンクラブ会長として髙田延彦に近い立場にあった鈴木健という、のちのＵＷＦインターナショナル取締役3人が一堂に会した機会に、あらためてＵＷＦ分裂からＵインター設立の経緯を語ってもらった。

前田の〝脅し〟が嫌だっただけ

宮戸　あの1月7日、UWFが「解散」となる引き金を引いたのは僕かもしれないし、それを一緒に引いたのは安生さんかもしれない。でも、僕らが引き金を引かなくても、間違いなくほかの誰かがいずれ引いていたと思うんですよ。なぜなら、そこにいたるまでの数カ月間か数年間、みんなそれぞれに溜め込んでいたものがあったはずだから。その各選手が込めた火薬で、あのときUWFは暴発寸前になっていたと思うんです。そうじゃなければ、僕と安生さんがちょっと触れただけで、あんなバラバラにはならない。

実際にあの頃、僕以上に不満を言ってる人は山ほどいましたから。安生さん、あの日を振り返って、当時、僕ら以上に前田さんに対して不満を持っている人たちはいましたよね？

安生　いましたね。

宮戸　いたでしょ？　だけど、彼らは前田さんが「俺を信じられるか？」と言ったとき、「信じます」って口に出した。

安生　あれはびっくりしたね（苦笑）。

宮戸　そうでしょ？　あと、あのときは髙田さんも前田さん側についていたはずなのに、じゃあ、なんでそのあと一緒にやらなかったんですか？

安生　それもびっくりした。

宮戸　もう一人、山崎（一夫）さんも前田さんについてたのに、こっちに来たじゃないですか。

安生　あれが一番びっくりしたね（笑）。

宮戸　だからね、僕が引き金を引いちゃったことは確かだけど、僕が引かなかったらうまくいったんですか？っていう話なんですよ。みんなそれぞれがなんらかの不満を溜め込んでいたんです。そうじゃなければ、前田さんが「解散」と言ったくらいで本当に解散するわけがない。僕自身に関して言えば、前田さんとやりたくないほどの不満があったわけじゃないんですよ。そもそも、新生（第二次UWF）の末期に一度一人になりかけた前田さんを、松本大会の〝万歳〟という形で戻したのは、僕ですからね。

第二次UWFはその末期に、一度解散の危機を回避している。そして前田を始めとした選手たちと、神新二社長らフロント陣との対立が表面化。90年10月25日のUWF大阪城ホール大会の試合後、前田がマスコミの前でフロント陣の公金横領、不正経理疑惑を告発すると、会社側は前田に5カ月間出場停止処分のペナルティを課した。

当時、神社長らは一部選手を連れて、UWFをメガネスーパー（現・VHリテールサービス）に身売りするとの噂も流れており、もはやUWFは空中分解寸前。それをギリギリで食い止めたのが、宮戸が中心となって前田を呼び戻して、90年12月1日UWF松本大会のリング上から、一致団結をアピールした万歳三唱だった。

これを機に、選手たちは神社長ら旧経営陣と別れ、新たに選手中心でUWFを再スタートさせるはずだった。しかし、危ういバランスで成り立っていたUの人間関係は、年明け早々にまた崩れ始めてしまう。

安生　前田さんが一人だけ出場停止処分で外されたとき、選手側としては、「それはおかしいだろ」っていう思いがあったんですよ。だからみんな、好き嫌いはともかく、宮戸さんの「前田さんを戻そう」という意見に同意したんです。それで神さんたちと別れて、新たに選手みんなでUWFをもう一度始めようとしたら、前田さんが神さんよりもっと怪しそうな人を代わりに連れてきたんですよ（苦笑）。

宮戸　前田さんが「この人に（フロント業務を）頼んで、これから俺たちはやっていくから」って言って、連れてきた人が。

安生　そんな誰だかもわからない、怪しいおっさんを急に連れてこられても、俺ら困っちゃうなって。

宮戸　じゃあ安生さんは、あの1月7日の会議では、そういうことも含めて、冷静に「NO」と言ったんだ。僕は感情論で言ってしまった部分があるけど。

安生　いや、それは関係なくて。俺はただ単に、前田さんの「俺を信じられるのか？」っていう脅しが嫌だった。なんで、脅されてやんなきゃいけないのっていう。

宮戸　それは、あの現場でも言ってたね。

安生　みんないろんな思いを抱えながら、気持ちでついて来たからそこにいるのに。無理やり、YESかNOを突きつけてきて。「気持ちでついてきたのをわかれよ！」って思いましたね。

宮戸　そういう意味でいうと僕も、それこそ前田さんを〝万歳〟に引っ張り上げた張本人ですから、前田さんに対して「NO」って言う気はさらさらなかったんですよ。ただ、本音を言いたかったんです。もう下っ端扱いされて、上から押さえつけられる閉塞感が嫌だったから。でも、本音を言ったら気に障ったんでしょうね。「それはお前、NOと一緒だろ」と言われて、「これがNOならNOです」って、僕はそういう言い方をしたんです。

安生　そうだそうだ。リアルにそういう言い方してた（笑）。

宮戸　それで、前田さんに「帰れ」って言われて、僕と安生さんは部屋を出たわけです。

解散直後に船木、鈴木らと話し合った新団体構想

二人が部屋を出た直後、前田は「一人でも欠けたらUWFはやっていけない」と、解散を宣言。しかし、この時点で宮戸と安生はまだ、その事実を知らなかった。

宮戸　前田さんに「出ていけ」って言われたあと、僕と安生さんは、祖師ヶ谷大蔵にあった安生さんの家に行ったんですよ。宮川荘（UWFの合宿所）だと、みんなに会ってしまうから、二人で隠れ込んだというかね。そこで僕は、「こうなったら、若手だけで新団体をやろうよ」って言ったんだけど。安生さんは当初、まったく本気にしないで無視してたんです（笑）。

安生　「なにを言ってるのかな？」と思ったのよ。向こうは向こうでUWFをやるの、こっちは辞めさせられたの。二人でできるわけないじゃんかって。僕はファミレスのバイトに戻ることばかり考えてましたから（笑）。

しかし宮戸には、「また若手だけで集まってやれる」という、確信に近い思いがあった。

宮戸　あのとき、僕や安生さん以上に、船木（誠勝）さん、鈴木（みのる）さんも不満を抱いていたことを知っていましたから。そのなかで、二人に対しては僕は勝手に

U.W.F
U.W.F

UWF
Energy

信頼関係のようなものを持っていましたから。12・1松本大会に前田さんを戻すことに関しても、まずはお二人と話し合いましたから。そういう人間関係のなかで、彼らは絶対にこっちで一緒にやってくれるっていう思いがあったんです。そんなことを考えていたら、船木さん、鈴木さんのほうから、安生さんの家に訪ねてきたんですよ。冨宅（飛駈）、垣原（賢人）もいて、タムちゃん（田村潔司）はそのときはいなかった。僕らはそこで「解散」を知るんです。そして、その日の晩のうちに、船木さんたちにも新団体構想を話して、「よし、やってみよう」ということになったんです。

しかし、まだこの時点では、前田の「解散」宣言が出てから数時間しか経っていない。この展開のあまりの早さが、のちに〝クーデター〟を疑われる元となったわけだが、言い出しっぺである宮戸の頭の中には、これ以前から新団体構想というものがあったのだろうか？

宮戸　具体的に新団体をつくろうとしていたわけではありませんけど、新生時代から、僕のなかには〝理想のプロレス〟というものがすでにありました。逆に言えば、UWF時代の不満というのは、前田さん個人に対してというより、神さんがやっていた運営方針によって、UWFが自分が思う理想のプロレスとかけ離れた世界になっていたことに対しての不満が大きかった。だからUWF時代から、自分たちの理想のプロレスというものについて、安生さんとも実はよく話をしていたんですよ。

安生　まあ、わりと一方的に宮戸さんが熱く語って、僕は聞き役だった気もしますけどね（笑）。僕はそこまでプロレスの歴史に詳しくなかったし、猪木さんの全盛期の試合を観ていたわけでもなかったから、宮戸さんが言うことにうなずいていただけかもしれない（笑）。だから僕としては、新しい団体をやるにしても、若手だけではけっこう苦しいなと思ってたんですけど、なんせ当時の僕らはギャラが安かったから、「貧乏しながらやればいいかな」という感じでしたよ。

「髙田さん、これはチャンスだよ」

こうして、船木をエースにして、若手だけで新団体をつくることが、なんと「解散」宣言があったその日のうちに決定。翌日から急ピッチで団体設立に向けて動き始めたが、それから2日後にまた急展開を迎えてしまう。

宮戸　「解散」宣言が出た翌々日だったと思いますけど、船木さんが「明日、藤原（喜明）さんに挨拶だけしてきます」って言うんですよ。僕は冗談で「『やっぱり藤原さんと一緒にやります』なんてことにならないでくださいよ」って言ってたんですけど、翌日会ったら暗い顔してるんですよ（苦笑）。それで「やっぱり若手だけじゃ無理です。藤原さんのバックにはメガネスーパーもついていてお金の心配もないので、みんなでそっちに行きましょう」って言うから、こっちは話が変わってしまって困りましたよね。それで、都合のいい話ですけど、僕が髙田さんに声をかけざるをえなくなった。髙田さんを巻き込むことで、船木さんたちを引き止めたい、という思いがあったんです。

この段階で宮戸は、髙田は〝前田側〟にいると思っていたという。しかし、あの「解散」宣言によって、前田と髙田の関係もすでに壊れていたのだ。当時、髙田延彦スペシャルファンクラブ会長として、髙田と直に話をしていた鈴木健はこう語る。

鈴木　前田さんが「解散」って言ったすぐあとだと思うんだけど、髙田さんが俺のところに電話してきて、「健ちゃん、ダメだよ。前田さんが『解散だ』って言い出しちゃった。UWFはもう終わりだ」って言うの。それで俺はすぐ髙田さんのところに飛んで行って会ったんだよ。でね、UWFというのは前田さんがトップだったわけだけど、俺は髙田延彦を応援していたから、やはり髙田延彦がトップに立ってほしいという思いがもともとあった。その髙田さんがトップの新しい団体で俺がフロントのトップをやりたいっていう夢もあったしね。

だからそこで俺は、「髙田さん、これはチャンスだよ。髙田さんがトップになって、若い選手を集めてやろうよ。船木や鈴木、田村たちにすぐ電話して！」って言って。髙田さんは最初躊躇したんだけど、しばらく考えてから「わかった」と言ってくれた。それでみんなに電話したんだけど、そのときは田村しか捕まらなかった。でも、連絡がつかなかったのも当然だよね。あとでわかったことだけど、ちょうどその頃、みんな安ちゃんの家に集まっていたわけだから。

第一次UWF以前の新日本プロレス時代から、兄弟分のように思われていた前田と髙田。その関係が、「解散」宣言によって終わったことには、なにかほかに理由があったのだろうか？

鈴木 髙田さんは、それまでずっと前田さんを支えてきたわけだけど、あの「解散」宣言によって、前田さんに捨てられたと思ってたの。それで「健ちゃん、もうUWFは終わりだよ」っていう言葉が出てきた。

だから、そもそも〝前田派〟というわけじゃなかったんだよ。髙田さんと前田さんの関係は、第二次UWFの途中から、実はもう離れ始めていた。例えば、事務所に髙田さんが来たとき、先に前田さんがいるのがわかると、Uターンして帰っちゃってたからね。髙田さんが避けている感じで、二人が揃う機会ってほとんどなくなってたんだよ。やっぱり、先輩後輩でなんかあるのかもしれない。

だから、あの1月7日の会議のとき、若い選手の意思確認のために、前田さんが脅すようなことを言うのを、髙田さんと山ちゃんには事前に伝えていたっていう話があるでしょ？　でも、少なくとも髙田さんは聞いてない。俺は確認したから。髙田さんは、「前田さんが『解散』と言ったせいで、UWFがバラバラになった」というニュアンスで言ってたしね。

本当に悪いのは前田ではなく神新二

こうして新団体構想に髙田も加わる形となったが、結局、船木と鈴木、冨宅は藤原のところに行くこととなり、これが新UWF藤原組（のちにプロフェッショナル・レスリング藤原組に改称）となる。そして残った宮戸、安生以下、若手たちは髙田をエースにUWFインターナショナルを設立することとなった。

ここまで「解散」宣言から1週間足らず。UWFの再編は、ものすごい勢いで進んだのだ。

鈴木　前田さんも、自分で「解散」宣言をしてしまったあと、もう一度、選手を集めようと動いたんだよね。でも、みんな若い選手は安ちゃんの家に集まってたわけだから、誰にも会えなかった。それで数日後、UWFの合宿所に来たときは、まだ若手のペーペーだった、カッキーやタムちゃんの前で土下座したらしいんだよね。「一緒にやってくれ」って。でも、彼らはもうこっちでやっていくって決めていたから、行かなかった。前田さんは、ホントはいい人なんだよ。でも、いろいろあって、あの時期はみんな離れてしまった。前田さんもつらかったと思うよ。ホントに悪いのは、神新二なのにさ（笑）。

UWF3派分裂後、まず藤原組が91年3月4日、後楽園ホールで旗揚げ。続いて、5月10日に同じく後楽園ホールでUWFインターナショナル、最後に5月11日、横浜アリーナでリングスが旗揚げした。

当初、メガネスーパーをバックに持つ藤原組や、WOWOWをバックに持つリングスに対し、大きなスポンサーを持たないUインターは苦戦を強いられるが、91年12月22日、両国国技館で「格闘技世界一決定戦」を開催したのを皮切りに、斬新かつ過激な企画を連発。旗揚げ2年目には、マット界の台風の目となった。

鈴木　Uインターが一気に上まで行ったのは、やっぱり高田延彦を頂点にした、最高

禁 煙
NO SMOKIN
UWF

のピラミッドができていたからだと思う。髙田さんの下で〝Uインターの頭脳〟と呼ばれた宮戸優光がいろんな仕掛けを行い、帰国子女の安生洋二が外国人選手との交渉をやりながら、道場で若い選手たちを育てる。そして鈴木健がお金を用意したり、フロント業務を一手に引き受けた。この形が、本当にうまくいっていたから、あれだけのパワーを発揮したと思うんだよ。

宮戸　とくに、安生さんの英語力なくして、あれだけのことはできなかった。レスラーにはレスラー特有の言葉やニュアンスがあるし、トップのレスラーは、レスラー以外の仕事の話は、まともに聞かないようなところがある。そういう意味で、安生さんが担った役割というのは、どんなに優秀な通訳でもできないことだったと思いますよ。

この宮戸、安生、鈴木の3人による強固な体制は、91年にゲーリー・オブライトを参戦させ、元横綱・北尾光司の引っ張り出しにも成功。93年には、現役WCW世界ヘビー級王者のベイダーと、プロレスリング世界ヘビー級王者・髙田の対決を実現させ、神宮球場をフルハウスにするなど、常にマット界の話題の中心であり続けた。

本気だった「1億円トーナメント」

そして、Uインターはマット界に強烈なインパクトを与える大型企画「1億円トーナメント」をぶち上げる。これは94年3月にUインターが突如として提唱した構想で、当時の主要5団体のエース（前田日明、船木誠勝、橋本真也、三沢光晴、天龍源一郎）への招待状を用意し、優勝賞金1億円のトーナメントへの参加を呼びかけたものだった。金屏風の前で現金1億円を積み上げて行われた記者会見の模様は『週刊プロレス』の表紙となり、「夢と1億円」「Uインターがまたやってくれた！」とのキャッチコピーとともに大きな話題となった。しかし、各所属団体に対して事前に通達することなく選手の名前を出したため、業界の常識を破る愚行と非難されることになった。

宮戸　あの企画は、僕のなかでは力道山時代の「ワールド大リーグ戦」が頭にあったんです。でも、リーグ戦だと当時のUインターの興行形態じゃできない。だったらトーナメントでやるしかない。そんなことを考えていたら、若手社員から「いいですね！　けど、どんなメンバー集めるんですか？」って返されて。たしかにUインターに参戦してる外国人選手を集めたところで、ちょっと弱い。それで、その社員が「よくテニスでオープントーナメントってあるじゃないですか。賞金立てて、招待状出して選手を集める。それをプロレス界でやれないですかね？」って言ってきて。僕は瞬間的に「それはプロレス界じゃ難しい」と思ったんだけど、いまここで僕が「できない」って言ったら、若い社員が夢を失くすなって思ったんですよね。そこで「できない」の言葉を飲み込んで、「じゃ、どうしたらできんだよ?」に変えたんです。そこからみんなで考えて、賞金をいままでないような額にして、きちんとした招待状を出せば、決してこれは非難されるようなものにならないってことになったんです。

安生　それにしても、1億円っていうのは思い切ったよね。

宮戸　なんで「1億円」って言ったかっていうと、その前に新日本とのトラブルがあったからですよ。蝶野さんが髙田さんと闘いたいって発言した話に乗っかったのに、新日本側から、もし対戦するなら3000万円出せって言われたんですよ。その話から考えて、誰も文句言わない金額だろうってことで1億円にしたんですよ。

鈴木　新日本の事務所に、髙田vs蝶野戦の交渉に行ったとき、新日本は、まず髙田vs蝶野戦のリスク料として3000万円よこせって言ってきたんだよね。お互い3000万円ずつ出すとかじゃないんだよ。ひどい話だと思ったけど、宮戸さんに言われて、俺はちゃんと3000万円を用意してたんだよね。

宮戸　だって、新日本の人間たちが目の前で答えを迫っているわけだから、3000万円にビビったらナメられると思ったんだよ。マスコミも控えているし、それで「用意できません」なんて言えないから、鈴木さんに「できるよね、3000万円」って(笑)。

鈴木　いつも金を用意するのは俺だよね(笑)。いやでもあのときは、蝶野さんが最初に『週刊ゴング』で、髙田さんとかの名前を出して「誰の挑戦でも受ける」みたいなことを言ってたから、こちらが乗りましょうとなったたわけでしょ。それなのに新日本はリスク料だとか、ベルトを賭けるなら払わなきゃいけないところがあるからとか、とにかくお金、お金で。

宮戸　いかに髙田vs蝶野戦を断念させるか、そのための策だったと思う。ただ、あのときはもうUインターは「最強」っていう看板を掲げちゃっていたし、ルー・テーズのベルトを復活させて、いかなるチャンピオンの挑戦も受けるっていう約束事があったんですよね。大義名分を果たされないとこっちの辻褄が合わなくなっちゃうから行かざるをえない。あれで蝶野さんの発言に対して黙っていたら「おい、Uインターどうしたんだよ！」という声が絶対あがったと思うんですよね。そういう暗黙の期待に常に応え続けていくというのが、あの時代のUインターの流れでしたよね。

鈴木　だから、あの時点でUインターには3000万円あった。でも現ナマで1億円を用意するにはあと7000万足りない。それで俺の兄貴に電話して「7000万円用意してくれ」って頼んで、城南信用金庫の町田支店、本町田支店から7000万円を1日だけ無利息で貸りられることになった。

安生　いまでは絶対そんなことできないよね（笑）。

鈴木　現金1億円ですからね。なんかあったらヤバいってことで、1億円トーナメン

メント
)・8月18日(木) 日本武道館

'94プロレス
ワールドトー
大阪城ホール
5月6日(金)・6月2
天龍源一郎殿

トの記者会見場で警備をつけようってことになったんです。警備員を1人5万円、2人で10万円で雇ったんだけど、その警備員から「一生懸命守りますけど、ナイフかなんか持ってこられたら対応できません。命は懸けられません」ってはっきり言われたんですよ。

宮戸　それ、ガードマンの意味ないじゃない（笑）。

鈴木　でもまあ、一応形式的にはいたほうがいいだろうなってことになったんですよね。

宮戸　ものものしさは会見に出てたね。本気を見せるためには、そういうところまでちゃんとやらなきゃ信用されないから。

鈴木　でも、1億円トーナメントは本気でやる気でしたから。プロレス界のためにも必要なことだと思ってたし。

宮戸　会見をする前だったと思うんですけど、髙田さんが一般論的な問いかけをしてきたんですよ。これ実際に誰か出てきて勝たれちゃって、1億円持ってかれたら会社はどうなるんだ、とか。でもこれはトーナメントなので、4大会開く予定だったんです。大阪で1回と武道館で3回だったかな。それで鈴木さんとも「どうする、負けたら」って話をしたんだけど、興行的には「相手が勝ってくれないと困るぜ」って話になった。つまり、1回戦でこっちの選手が全部勝っちゃったら残りをどうすんだよってこと。招待選手が決勝まで上がってくんなきゃ残りの興行で観客動員がボロボロになる。だから髙田さんに「相手が勝ってくれるほど儲かるって話なんですよ」って諭したら、あっさり納得してくれました（笑）。

安生　でも、どうせ誰も出てこねえって思ってたんでしょ？

鈴木　俺は出てくると思ってました。船木と前田さんは来てくれると思った。だって勝ったら1億円取れるし、それ以外にファイトマネーも3000万円払うって話だったんだよ。おいしいじゃん。

宮戸　俺は船木さんと橋本さんが出てくると思ってた。それに興行は参加した選手の所属団体に任せてもいいということだったから、悪い話じゃないと思ってたから。

鈴木　最後の決勝戦が前田vs髙田になったら、東京ドームで興行ができる。そうしたら、売り上げいくらぐらいいくかって話ですよ。それに、髙田さんが絶対勝つと思ってたから、1億円も払わなくて済むわけ。ファイトマネー3000万円だけやりゃあいい。だからビジネス的には丸儲けですよね。

宮戸　でも試合はちゃんとやるというか、トーナメントだったから下手な小細工は難しかった。だから、会社でどういうケースになってもいいように考えてましたよ。

鈴木　髙田さんがもしダメでも、安ちゃんが迎え撃つって信じていたし。あのとき、安ちゃんに「船木さんと闘っても大丈夫？」って聞いたら「大丈夫ですよ」って言ってましたから。

安生　そんなことあった？（笑）。でも俺は絶対ないと思ってたから。ちゃんと裏で話つけなきゃ誰も来ない。真正面から招待状送ったところで無理だろうって。

宮戸　そんなこと思ってたの？

安生　お前、何年いんのよこの業界（笑）。そんなこと、誰でもわかりますわ。ただ来なかったとき、それをどう来させるのかっていう根本的な話ができてなかったよね。

宮戸　お金を並べれば来ると思ってたから（笑）。いま思えばバカですよね。

宮戸の台本になかった安生の「200パーセント発言」

各選手に対して実際に招待状を送ったものの、橋本真也や三沢光晴は「団体を通して話をするべき」と困惑。天龍や船木も参加に後ろ向きだった。唯一反応したのは前田日明だったが、トーナメントではなく、リングスとUインターの全面対抗戦を提案。リングスは外国人選手を主軸にする意向を示し、これに対してUインターが難色を示したことで、マスコミを巻き込んだ舌戦が展開することになる。

安生　リングスとの対抗戦になるってことになって、これは楽勝だなって思ったよね。てっきり日本人vs日本人でやるのかと思ってたから。そしたら向こうは外国人ばっかりで、前田さんも入ってない。

鈴木　それであの「前田日明出てこい会見」になっちゃった（笑）。

宮戸　あの対抗戦に関しては、具体的なお金の話までしてないからね。だから、雑誌とか新聞上のやり取りになっちゃって、会見では「200パーセント発言」が飛び出した。

安生　俺、なんであんなこと言ったんでしたっけ？　宮戸さんが書いた台本でしたよね？（笑）

宮戸　いや僕は「100パーセント、120パーセント勝てる」ぐらいのことを言わなきゃダメだよって言っただけ。いざ蓋開けて会見になったら、安生さんが熱入っちゃったのか「200パーセント勝てる」って。

安生　120も200も一緒だろうが（笑）。俺は台本通りに言ったと思うんですよね。だって、あの頃の宮戸さん、記者会見でしゃべることを事前に全部チェックして、間違えたら裏ですごい怒ったりしてたじゃないですか。

宮戸　だけど、その200パーセント発言で安生さんはその後何年もプロレス界で食べれたんだから、結果的によかったじゃない。

鈴木　あれは安ちゃんの本心なんだと思ってた。ほんとに強かったから、なにを言ったとしても、誰にも負けないし、ヒクソンにも負けないし、大丈夫だと。

安生　いまブッ込んできましたね（笑）。でも、本当に前田さんには勝てるっていう気持ちはありましたよ。

宮戸　安生さんは、そういう意味でのハッタリはかまさないから。絶対大丈夫だって言ってたのは、それだけ自信があったんだと思う。

鈴木　いつも事務所で前田日明をどうやって倒そうかって、宮戸さんと安ちゃんでずっと話込んでましたよね。二人でシミュレーションして、「最後はヒールホールドだな」とか。

宮戸　会見で言ってた「前田さんはUWFで終わった人」「あのときからあまり強いと思ってなかった」とか、あれは本心だったの？

安生　いやいや、俺は先輩に対してそんなこと言えねぇよって思いながらしゃべってたから。あのときの宮戸さんの台本、どこかに残ってない？（笑）

鈴木　でも、ああいうことの一つひとつが、当時のプロレス界を面白くしていたっていう自負はありますよね。

あの頃は、宮戸さんといつもプロレス界のためにどうしたらいいかってことを話してました。北尾に関しても、1億円トーナメントも、ヒクソンだって、プロレス界のためにやらなきゃいけないって思ってた。俺たちは「最強」を掲げてたけど、要はUインターじゃなくても、プロレスラーは最強でなくてはならないってことだったんです。誰が勝っても、プロレスが活性化すればそれでいい。そう腹をくってたから、いろんなことができたんだと思う。結局、2億円借金が残っちゃったけど、あのときのプロレス界に渦を巻き起こしたのは事実だし、誇れることをやったと思いますね。

平成プロレス10大事件❷ 第二次UWF崩壊と3派分裂

告白 前田日明

「まず、宮戸が言ったんだよね。『信用できません』と」

取材■井上崇宏
構成■編集部
撮影■タイコウクニヨシ

PROFILE

前田日明 まえだ・あきら●1959年、大阪府生まれ。77年に新日本プロレス入団。将来のエースを嘱望され、イギリスに「クイックキック・リー」のリングネームで遠征。第一次UWFに参加したのち、新日本にカムバックしたが、「長州顔面蹴撃事件」で解雇される。88年の新生UWF旗揚げを経て、91年にリングスを設立。99年2月、アレクサンドル・カレリン戦で現役を引退。現在はリングスCEO、「THE OUTSIDER」プロデューサーとして活躍している。

1983年8月に起こった新日本プロレスの選手、フロントによるクーデター。結果、新間寿営業本部長（当時）は新日本を追われ、新たな団体として84年に設立したのが第一次UWFだった。「猪木とタイガーマスクもあとから合流する。フジテレビもついている」という新間の言葉を信じ、前田日明は第一次UWFに参加した。84年4月11日に大宮スケートセンターで旗揚げ戦を行い、その後の佐山聡、藤原喜明の合流で、格闘技色の強い独自の〝Uスタイル〟を確立し、一部の熱狂的ファンの支持を得ていた。しかし、85年9月には経営難から活動休止となり、前田、藤原、木戸修、髙田伸彦、山崎一夫のUWF戦士5人は、翌86年1月から業務提携という形で新日本に参戦し始めた。

第二次UWFの「旗揚げと崩壊」の登場人物が揃うのは、この新日本との業務提携時代だった。

赤坂のホテルで馬場さんに会った

「ユニバーサル（第一次UWF）がダメになって、浦田（昇・第一次UWF社長）さんが『これはなんとかしなきゃいけない』って走り回ってね、佐川急便が応援してくれるというところまでこぎ着けたんだけど、それも土壇場でダメになったんでもう会社を続けていけない、終わりますとなって。それで選手が集まって、『新日本に戻りますか？　どうしますか？』っていう話し合いをしたんだけど、木戸さんと藤原さんが『新日本に戻るつもりはないよ。あそこに戻るくらいならやめるよ』と言ったんだよね。

それで困ったなと思って、『じゃあ、全日本に行きますか？』って二人に聞いたら、『ああ、まだ全日本のほうがいいよ』ってことで、赤坂のホテルで馬場さんに会ったんだよね。そしたら、馬場さんが『しばらく考えさせてくれ』と言ってその日は持ち帰って。それでしばらくして会ったら、『いまはジャパンプロレスだなんだで全日本も選手数は飽和状態なんだ。それがなければみんな使えるんだけど、若い前田くんと髙田くんくらいが精一杯だ。申し訳ない』って、全員を受け入れるのは無理だと言われて。

それをそのまま木戸さんと藤原さんに伝えたら、二人ともすごいショックを受けてたんだよね。二人ともプロレス界ではグッドワーカーだっていう自負とプライドがあるものだから、自分たちはどこでもメシを食っていけると思ってたのに、それが逆に前田と髙田よりも商品価値がないってことで。

それで『どうしましょうか？』って聞いたら、藤原さんが『用賀かどっかの広っぱで試合をしてもいいじゃねえか』って言うから、『大会をやるお金はどうするんですか？』って言ったら、『そんなの知らねえよ！』って言われて（苦笑）。『もう新日本に行くしかないので、俺が話をしますからいいですか？』って言ったら、『勝手にしろよ！』っていうことで新日本と話をしたんだよね。

だけど、もし新日本に帰るんだったら吸収だとか分断されたりしないように気を張ってなきゃダメだなって俺は思ったんだよね。新日本のことだから、すぐに潰して吸収しようとすると思った。たとえば俺たちをナントカ軍団（はぐれ国際軍団）みたいな変な扱いにしてね。なんかイロモノにされてグチャグチャにされちゃうみたいなことは絶対に避けなきゃいけないなと。だから、出戻ったときに俺が両国国技館（85年12月6日）で言った、『この1年半のUWFでの闘いが、なんであったかを確認するために新日本に来ました』っていうのも、本当は違うセリフがあったんだよね。どんなセリフだったか忘れたけど、なんか俺らがUWFの旗を振りながら入ってきて、リングでひと暴れしてみたいなことを新日本からは言われてたんだけど、俺はみんなに『そんなのやめましょう。スーツで行きましょうよ』って言ったんだよね。しょっぱなから予定をひっくり返したわけ（笑）。

すごいビックリしたのは、あの頃の木戸さんや藤原さんは俺の意見を聞いてくれたんだよね。藤原さんたちも普通に出戻ったんじゃまた前座に戻されるだろうし、嫌だなっていう思いがあったからツッパリたかったたっていう。その気持ちと俺の気持ちがうまいこと合ったんだろうね。

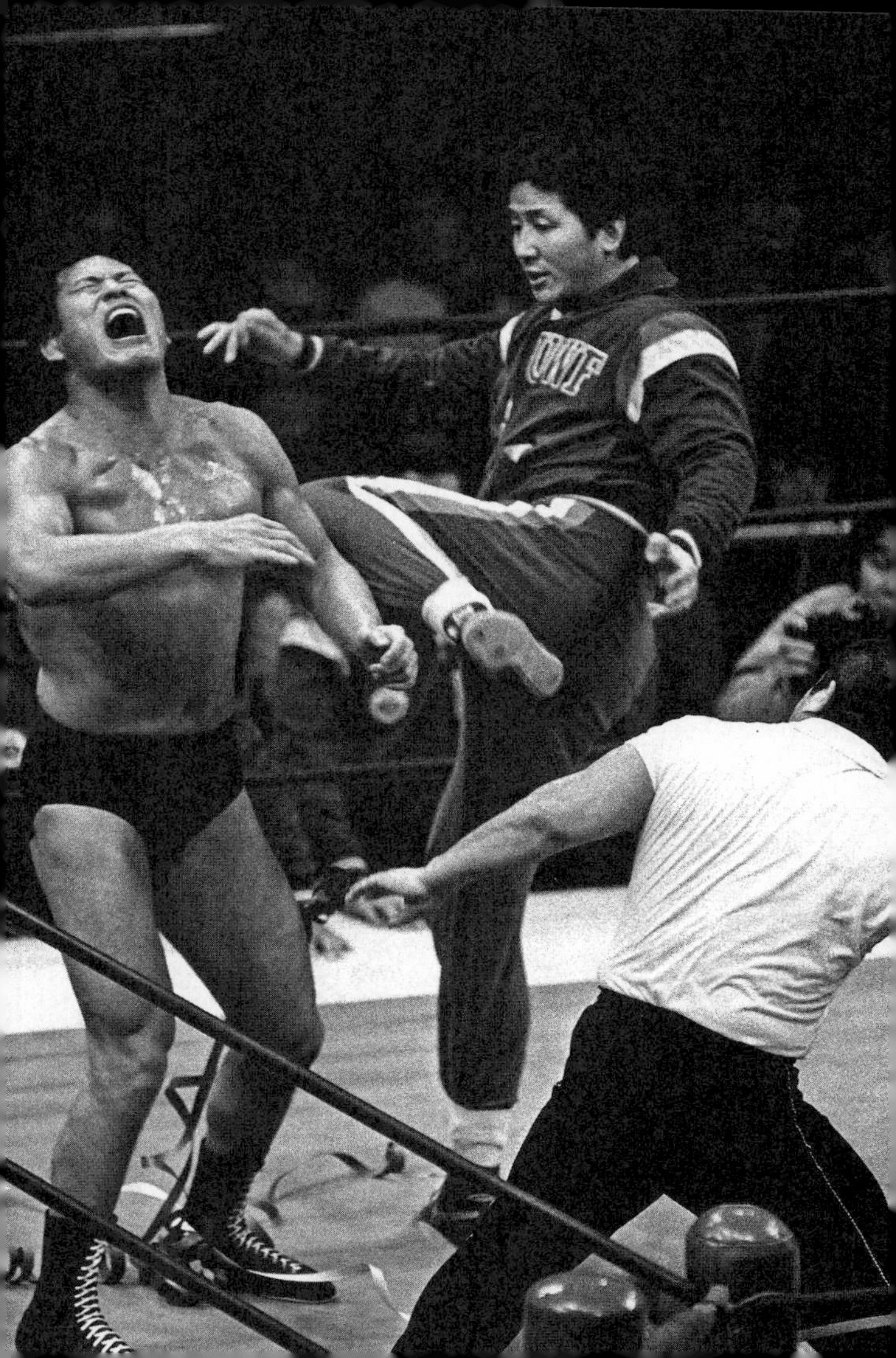
UWF

ただ、木戸さんが新日本に戻るかどうかの話し合いのときに『俺は（カール・）ゴッチさんに行けって言われたから来ただけだからね。俺はUがどうのこうのとかそんなのはどうだっていいんだよ』なんて言って、それには髙田が怒ったんだよね（笑）」

「新日本の取締役にならないか？」と誘われた

しょっぱなから新日本の思惑に反し、我を通したＵＷＦ勢。それは契約にも及び、ＵＷＦはあくまで業務提携だというイーブンな形にこだわっていた。しかし、新日本は執拗に個人契約へのシフトを促し続けた。

「新日本との業務提携は、最初から契約更改のたびに『個人契約をしないか？』って言われてて、それで最後は長州さんの事件（長州顔面蹴撃事件、87年11月19日）の直前に、辻井（博）さんっていうテレビ朝日から出向してきていた執行役員から、『もう個人契約じゃないと契約はしない』って言われてさ。その言葉に藤原さんと木戸さんがすぐに反応して、パパッと個人で新日本と契約したんだよね。それに髙田たちも動揺しちゃって。

個人契約しかしないってことの元凶となったのは、天龍革命でＵＷＦの人気というか、センセーショナルな部分が壊れてすっかりやられちゃってたからですよ。だから、個人契約だろうが業務提携だろうが、いずれにしても天龍革命を超えることをやらなきゃいけなかった。じゃあ、それを誰とやるんだっていうことでずっと悩んでいたわけだけど、そこに長州さんがいた。ただ、あの人は試合がカタくて、こっちにセールしないだろうし、どうしようかなと思って。かといって自力がある人だから迂闊なことはできない。『じゃあ、思いっきり試合でハードヒットをやって、それでも長州さんがセールしなかったら、それはそれでしょうがないな』っていうことで起こった事故なんだよね。

業務提携を個人契約に切り替えようとしたのは、誰も俺をコントロールできなかったから。俺とそれ以外の選手を切り離して、俺を新日本の所属にして管理しようという意図だった。星野（勘太郎）さんと豊岡でケンカ腰の試合になって（86年1月14日、豊岡市体育館、前田&山崎vs星野&金秀洪）、試合後に控え室まで乗り込んできた星野さんと『こらー！　ブチ殺すぞ！　このクソガキ！』『このドチビ！』って言い合いながら、どつき合ったりしてたから新日本も持て余してたよね（笑）。

俺はそんな感じだったんだけど、新日本から『次は個人契約しかしない』と言われたときに、『それを呑んでくれるなら新日本の取締役にならないか？　株もある程度はあげるから』って言われたんだよね。そう言われてたのに蹴ったんだよ。二重の意味で〝蹴った〟ってことかな（笑）。いま思えばなんてバカなことをしたと思うんだけど、ユニバーサルで猪木さんから『お前だけ帰ってこい』と言われたときと同じでさ、なんか自分だけおいしい汁をすすろうとしてる感じがして嫌だった。試合に出てた選手は個人契約だろうがなんだろうがいいんだけど、当時のＵＷＦの事務所には神（新二）や鈴木（浩充）の事務方と、宮戸（優光）や安生（洋二）、中野（龍雄）といった新弟子もいたわけじゃん。俺らが新日本と個人契約をしたら、連中はやめるしかなくなっちゃう。それを守るためにはどうしたらいいかっていう行動をしたのは当たり前だと思うけどね。ただ結局、そこまで考えてる人間は誰もいなかったよね」

猪木が前田と三銃士に勧めた「自己啓発セミナー」

88年2月に新日本を解雇された前田だったが、提携時代、リング上での軋轢とは関係ない意外な選手たちとの関わりがあったという。

「完全に余談なんだけど、提携時代はリング上でけっこう武藤（敬司）をいじめたんだよね。わざと顔面をバーンと蹴ったりとかさ。橋本（真也）はユニバーサル旗揚げ前に俺が鼻の手術で入院してたところに髙田が連れてきて、『こいつもＵＷＦに入りますから』って言ってたんだけど結局来なかった。『こいつはトンパチなんですよ』って言うから面白いなと思って期待してたんだけどね。そんなブレイク前の三銃士と俺は、リング外で関わりがあって。その頃、猪木さんがなにを思ったのか自己啓発セミナーにどっぷりハマっていたんだ。それで猪木さんは自分のなかの発達障害的なところがうまいこと消化できたんだろうね。それで以降は『1、2、3、ダー!』とか『元気ですかー!』ってああいうおちゃらけが初めてできるようになったんだよ。猪木さんの人生のなかで一大革命が起こったんだよね。それまでのアントニオ猪木は、ジェントルマンでいいカッコしいのキャラクターだったんだよ。それが『みなさん、元気ですかー! 1、2、3、ダー!』だからね。

それで、猪木さんなりの良心だったと思うんだけど、『お前たちも（自己啓発セミナーを）やれよ!』って闘魂三銃士と俺が呼ばれた。それで道場に俺と三銃士が集合したんだけど、『俺、抜けるから。いち抜けた!』って言ったら、蝶野（正洋）も『僕も行きません』と言って。そうしたら武藤も橋本も『じゃあ行かない』ってなって、結局誰も行かなかったんだよ。

でも、猪木さんから選ばれたのが俺と三銃士っていうのが興味深いよね。猪木さんから見て俺らが発達障害に見えたんでしょ（笑）。自己啓発セミナーが問題になる前の、出始めの頃だったたね。まあ、俺も三銃士も自分たちを変える必要性を感じなかったというか、俺はそれどころじゃない時期だったたっていうか（笑）」

髙田と山崎を「8000万円ある」という嘘で誘った

88年5月12日、後楽園ホールで第二次UWF旗揚げ。メンバーは前田、髙田、山崎、安生、宮戸、中野の6選手。新日本との業務提携時代に手に入れた知名度を武器に、画期的なプロモーション手法やイベント演出などで、第二次UWFは瞬く間に人気団体となった。のちに新日本から藤原や船木誠勝、鈴木実も移籍し、田村潔司などUWF生え抜きの選手も誕生した。その人気は、エースである前田個人にも及んだ。西武百貨店の広告やテレビCMへの登場、朝日新聞「現代人風物詩」に「知的で、ストイックで、前向きな青年」と称賛されたりと、あらゆるメディアに露出をしていくこととなった。

「俺が新日本を解雇されて、第二次UWFを旗揚げすることになったのは、マザーエンタープライズの福田(信)社長に、『このままじゃ悔しいから、前田単独で格闘技戦をやらないか?』って言われたからなんだよね。俺としては大阪に帰ってもしょうがないし、ちょっと何年かアメリカにでも行ってゴッチさんにプロレスのブッキングを頼んで、わずかながらの金を稼ぎながらトレーニングをして、それから別の世界に行こうかとか考えていた。

だけど、福田社長の言葉に神と鈴木が乗っかってきて、『前田さん、やりましょう』と。そう言われたときに『たしかにこいつらの面倒を見るためには、髙田と山ちゃん（山崎一夫）も必要になってくるし、どうしようかな……』ってなって。彼らもそのときはほぼ新日本と契約するつもりでいたから、それで彼らのところに行って『実はキャッシュで8000万円くらい持ってるんだよ。それがあるから大丈夫だ』って嘘をついてこっちに引っ張ったんだよね（笑）。

選手はみんなプロだからお金というのは大きい。一生やれる職業ではないから額面も含めて不安を解消できるものがほしいっていう。レスラーにかぎらず、どんな会社に勤めていようが『いや、金じゃないんだ』って言うヤツはいないよね。レスラーからしてみたら生活の面倒を見てもらえるところが強いんですよ。俺らはしがない自営業者でさ、年金があるわけでもないし。明日ケガして動けなくなったら収入が途絶えるわけで。

だから髙田と山ちゃんに新日本と契約をしないでUWFに来てもらうには、俺の『8000万円ある』という言葉が必要だったわけ。『マザーエンタープライズの福田社長が用意してくれたから』って安心させて。

お金の力は大きくてさ、藤原さんだって第二次UWFの最後の松本大会（90年12月1日、松本運動公園体育館）で選手みんなでバンザイをやったとき、藤原さんは一人リングの外にいてなかなか輪に入って来なかったことがあったじゃん。あのあと、俺は藤原さんの家に『（新しい団体で）一緒にやりましょう』って1週間くらい毎日通ったんだよ。最初はどうのこうのって言ってたんだけど、最終的には『気分よくやれるんだったら行くよ』って言ってくれたのよ。それがあっという間にSWS（プロフェッショナル・レスリング藤原組）でしょ。それでさ、何年か前にターザン山本の書いた本（『「金権編集長」ザンゲ録』）で『藤原組が解散するときに手切れ金でSWSから5000万円出た』っていうのが載ってて。で、あの頃のことをいろいろ調べたら、SWSで天龍（源一郎）さんが1試合で1000万円をもらってたって話が耳に入ってきて、そしたら藤原さんは最低でも5000万円以上はもらっていただろうから、『なんだ……』って俺はなって（笑）。

それを自分で正当化するためにインタビューとかで、『第二次UWFの頃の前田は一人で周囲の意見を無視して、ヤバイ方向にUWFのスタイルを持っていこうとした。だから（新しい団体に）行かなかった』って、そう思っていたんなら、そのときに言えばいいのにって思うんだけど。『藤原喜明、お前もか！』って（笑）。あと、ターザン山本の著書を読んで前田日明が落ち込んだってのは、もっと悔しいね（笑）」

選手の意見を聞くのが嫌になっていた

「本物のプロレス」として一般メディアにも持ち上げられ、観客動員も順調だった第二次UWFだったが、フロントと前田の確執、選手間での不和など多くの問題を抱えていた。

『この人気がいつまで続くのかな?』っていう気持ちも正直あったよね。だって日本人選手が、新弟子を入れても8人くらいしかいなくて、年がら年中、日本人選手同士でやってるんだもん。それで困ったなとも思ったんだけど、その頃は事務所でも問題が起きていたし、下の連中との不協和音があったりもして、どうしようかなと。

それで1年とかやってたら試合がなんかナアナアになってくるんだよね。髙田なんかも試合をしててもだんだん手を抜くようになってきたし、なんかヤバいなあと思ってね。こうなったらあっという間にダメになるなと。それと若手連中。船木や鈴木の様子がちょっとおかしかったのは、神が俺との仲を悪くしようとしてる動きも感じなくはなかったけど、もともとは鈴木が悪いんですよ。UWFに来て間もなく、合同練習をやるっていうときに10時集合なのにあいつが2時間くらい遅れてきた。それで俺がボッコボコにしたんだよね。そっから俺に恨みを持って、ああでもないこうでもないって。ホントに当時は『なんなんだ、こいつは?』っていうくらい手を変え品を変えでさ。それで船木にいつも金魚のフンのようにくっついてて。

札幌での田村戦(89年10月25日、前田の膝蹴りで田村が眼窩底骨折)もね、試合前に鈴木と船木が田村を焚き付けたんだよ。『おもいっきり行けよ、田村。前田さんに恥をかかせてやれ』って。俺はそういう雰囲気を察知してて、実際に始まったら田村がす

ごいラッシュをしてきたし。田村も力があるからさ、それで『これに付き合ってたら危ないな』と思ったんだよね。それで『どうしようかな』と思ったんだけど途中で面倒臭くなって、『船木、鈴木、見てろよ！』って感じでやったんだよ。『そういうことを企むならお前らにもやるよ』っていう警告のつもりだったんだよね。

選手がまだ新弟子だとか若手のうちはよかったんだよね。それぞれがメインイベントやテレビに出るようになって、いろんなメディアや有名人、文化人とかにすごい持ち上げられたよね。それでムクムクと自意識っていうかちょっと鼻が高くなってきて、彼らの意見をいつもハイハイって聞いてるのが、俺が嫌になってきたのはあったね。高田とかあのあたりは。

そのとき俺は一瞬『どうしようかな』と思ったんだけど、俺はもともとプロレスラーになるっていうつもりでもなかったし、このままUWFでうまくいったら早めに引退して、バックヤードに下がってイチからいろんな外国人ルートとかを発掘したり、選手の育成システム、タイのムエタイ選手とかロシアのサンビストの強いヤツをコーチに呼んですごい怪物を育ててやろうかなっていう気持ちがあったからね。だから俺の後をみんなが継がなきゃいけないじゃん。そうしたら『俺が、俺が』っていう感じに育っていかなきゃいけないから、あえて俺はちょっと引き気味にしていたんだよ。警察犬を育てるときに手を噛ませるじゃん。ああいう感じで噛ませてたんだよね。そうしたら噛んでるほうはその気になっちゃったんだよ。まあでも、それはしょうがないんだけどね。それは各々のプロレスに対するスタンスの違いだから。俺なんかはアメリカに行って空手道場とかなんか別のことをやろうかとも考えてたぐらいだからさ。あまりプロレスというものに愛着がなかったんだよね。でも藤原さんや髙田たちはこれを一生の仕事としてやろうと思ってたわけで。そういうスタンスの違いだから、それに対して俺はどうこう言うつもりはないよ。『前田について行って生活することができるのか、できないのか』。そこで彼らに『できるんだ』って思わせるように俺もいろいろと演技したんだけどね（苦笑）。

20代でさ、我ながらいま考えたらよくやったよな。いったいどういう知恵がまわってそういうことができたんだろうって思うよね。よくいろんなことを我慢したり気を遣ったりできてたなって。髙田とか山ちゃんにも気を遣ってたし、当然藤原さんにも気を遣ったし……」

UWF分裂後の前田と安生の確執

91年1月7日、前田の自宅マンションで行われた選手会議で、宮戸と安生が前田に異議を唱えたことで、前田が第二次UWFの解散を宣言するという事態を迎える。そして、第二次UWFはリングス、UWFインターナショナル、藤原組（パンクラス）

の3派へ分裂していった。

「まず、宮戸が言ったんだよね。『信用できません』と。そしてそのあとに安生も言った。それで二人がそういうことなら、もうこれは解散だなと。そうしたら鈴木が泣きながら『僕らだけでもやりましょうよ！』って言ったんだけど、『いや、もう解散だ』ってやったの。髙田からは解散宣言の2～3日後に電話があって、『自分も選手を説得していろいろ話そうとしたんですけど全然ダメです。自分さえも入れてくれなそうなくらいダメです。だから自分は食っていくために宮戸たちとやっていきます』って言ってきたんだよね。

それでUインターができて、1億円トーナメントとかでリングスと揉めて、安生といろいろあって、それで、ずっとあとに安生に後ろから殴られたんだよね（99年11月14日、「UFC－J」東京ベイNKホールのバックステージ）。あのとき、まさかふらっと観に行った会場でそんなことになるとは思ってなかったからさ。UFCジャパンのプロモーターをやっていた坂田（晶）に『このあと打ち上げはどこでやるの？』って聞いたら、『とりあえず、ここで待っててください』って言われた場所に立ってたんだよ。そしたらいきなり目の前でカメラマンにフラッシュを焚かれたんだよね。それで『まぶしいな』と思った次の瞬間に後ろからパカーンとやられてさ。それから気がついたらモーリス・スミスの顔が目の前にあったから『なにしてるの？』って聞いたら、

『いや、お前は殴られて倒れたんだよ』って言われて、『えっ、誰に？』って聞いたら『アンジョーだ』と。それで一瞬、『この野郎』と思ったんだけどさ、あのときリングスはWOWOWとの契約更新の時期で、続くか切れるかの瀬戸際のときだったから『ここで俺が暴れたら（契約が）間違いなく切れちゃうな』と思ったから、警察を呼んだんだよ。『こちらも加担しているケンカではありません』とアピールするためにね。

でも正直ね、あの日はまだまったくやられたっていう実感がなかったんだよね。あとから雑誌とかで自分が倒れてる写真とかを見てだんだん頭にきた感じ。しかもさ、パンクラスのヤツと二人で走ってきたとかなんとか。それで俺が倒れたあとに高橋（義生）とかパンクラスの連中がみんなで俺の周りを囲んでたっていうさ。いい歳した仮にもプロという名のついたヤツがだよ、一対一のケンカもできないって情けなくなってくるよね。

だけど、ずっとあとになって船木のマネージャーの結婚式で高橋と会ったんだよ。あいつは酔っ払ってて、フラフラと俺のテーブルに寄ってきたからさ、『この野郎』と思ったんだけど、船木が結婚式の前に俺に『あいつはホントはいいヤツで、安生にだまされてたんですよ』って言ってたんだよね。で、高橋が俺になにを言ってくるのかなと思ったら、あいつがいきなり『前田さん、僕にキスしてください』って、いきなりディープキスさせられたんだよ（笑）。

俺も酔ってたんだけど、その光景を見たパンクラスの選手たちがみんなズッコケて、俺もズッコケた！（笑）。『こいつ、なんでこんなところでディープキスしやがるんだ！』と思って。おかしな話っていうか、俺のなかでの価値観が根本から崩れちゃった瞬間。『これ、どう対処するのが正解なんだ？』っていうさ（笑）」

◇

ＵＷＦが３派に分裂したのちも続いた絶縁と確執。しかし、27年の時が過ぎ、前田の心境に大きな変化が生まれたという。17年12月に前田が出版した『前田日明が語るＵＷＦ全史 下巻』の最後に掲載された前田の発言が、現在の嘘偽りのない本心だと前田は語る。少し長くなるが、ここに引用する。

〈俺はＵＷＦに集まった人たちを、みんな家族だと思っていたし、俺がＵＷＦからいなくなったらみんなが困ると思ったし、家族のために自分が尽くすのは当たり前だと思っていたんですよ。（中略）

あの頃、いろんなヤツにだまされて、裏切られて、そのことをずっと恨みに思って、「アイツはひどい」というようなことを何十年も言い続けてきたんだけど、あるとき、神や宮戸がオレに手紙をよこして、あのときは本当にすみませんでしたって、謝ってきたんですよ。そのときは、まだそれでもあいつらを許せないと思ったんです。でも、よく考えてみると、そういう自分の怨みのような思いがUWFというものを貶めているのかもしれない。あの頃のUWFというのは格闘技の理想に燃えていた素晴らしい集団だったと思うんですよ。

俺も年をとったということなのかもしれないけれど、二人の子供の父親になったということもあって、この頃、オレは自分が長い間許せないと思ってきた人たちを許さなきゃいけない、と思い始めているんです。髙田のこともそうだけれど、若林太郎とか、宮戸とか、「裏切られた」「だまされた」と、悪く言い続けすぎたと思っているんです。それはホントに自分でもカッコ悪かったな、と思うんですよ。ターザン山本もそうだけどあいつらも許さなきゃいけないと思い始めているんです。いつまでも怨みを引きずって生きていたら、あの頃の純粋に人間を信じて生きていた、正しかった自分に対して恥ずかしいような気がするんです。俺自身もそういう、人間的な（きれいな）心を取り戻さなきゃいけないと思い始めているんです。〉

「長い間許せないと思ってきた人たちを許さなきゃいけない」と思い始めた前田は、27年という長すぎる時間を経て、これまで決して相容れなかった髙田、宮戸、神といったかつての仲間たちと、同じ空間、同じ誌面で、あの頃のUWFのことを語り合う日もそう遠くないと、期待させてくれるのだった。

（編集部）

平成プロレス10大事件❸

〈平成9年〉

高田×ヒクソン戦と
プロレスの凋落

平成プロレス10大事件❸ 髙田×ヒクソン戦とプロレスの凋落

道場破りでヒクソンに勝っていたら安生は殺されていた

宮戸優光
告白 安生洋二
鈴木健

取材・文●堀江ガンツ

プロレス最強という〝幻想〟は、あの日、終焉を迎えたのかもしれない。

1997年10月11日「PRIDE・1」東京ドーム。髙田延彦は、バーリトゥード（総合格闘技＝MMA）ルールで、グレイシー柔術最強の男、ヒクソン・グレイシーと対戦。4分47秒、腕ひしぎ十字固めで完敗を喫した。

プロレス界のトップが、グレイシーと闘い、ほぼなにもできないまま完敗を喫したインパクトは凄まじく、ファンがプロレスラーに抱いていた強さのイメージが急激に失墜。髙田はマット界から〝A級戦犯〟の烙印を押された。

しかし逆に言えば、それだけの衝撃があったのは、髙田がエースを務めていたUWFインターナショナルが、プロレスと格闘技が乖離し始めていたあの時代においても、〝プロレス最強〟という言葉と真剣に向き合い、プロレスラーの強さを証明してきたからでもある。ファンに幻想を抱かせたからこそ、喪失感も大きかったのだ。

宮戸優光、安生洋二、そしてフロントの鈴木健という、Uインターの取締役3人は、あの時代、〝プロレス最強〟を証明するために、過激な仕掛けを次々と行った。「打倒グレイシー」を掲げたのは、そんなUインターにとって必然だった。

日米精鋭15人でヒクソン道場に乗り込む宮戸案

鈴木　なぜ、Uインターがグレイシーとやろうとしたかと言うと、パンクラスの（ケン・）シャムロックが、ホイス（・グレイシー）に負けたじゃない（93年11月12日、第1回UFC・トーナメント準決勝）。それで「プロレスが負けた」って言われてるのに、パンクラスからも、ほかのプロレス団体からも「俺がホイスとやってやる」って名乗り上げる人間が出てこなかった。「だったらウチがやってやる！」っていうのが、発端だったよね。

宮戸 Uインターは〝プロレス最強〟というものを打ち出していたから、そうなると、グレイシーみたいなのが「おいおい、すげえのが出てきたぜ」って騒がれたとき、知らん顔してたら絶対につつかれるんですよ。北尾（光司）のときも同じです。「八百長野郎」っていう発言があって、プロレスが八百長と言われたまま、野放しにしておくわけにいかない。そういう使命感というものは、ありましたよね。

そして、Uインターはグレイシーとの交渉をスタートさせる。当初はホイス側と話を始めたが、グレイシー特有ののらりくらりとした対応で、交渉は難航。その後、格闘技雑誌に「兄ヒクソンは、私の10倍強い」という発言が掲載され、ヒクソンに注目が集まり始めたことから、標的をヒクソンに変更する。

しかし、ヒクソン側もひとつ条件を飲むと、次の条件が出てくるような感じで、交渉は遅々として進まなかった。業を煮やしたUインターは、事態を打開するために、ファンの前で「打倒グレイシー」を宣言することとなる。

まず、94年10月8日の日本武道館大会でリング上から、鈴木健取締役がグレイシー側とのこれまでの交渉経緯を説明し、その上で、あらためて「ケンカルール、金網デスマッチ、時間無制限によるヒクソン・グレイシーとの一騎打ち」を要求することを宣言。「グレイシーを本気で潰すために前進すること」をファンに約束した。

これは、交渉の事実を明らかにすることで、Uインター側の姿勢を示し、ヒクソンの逃げ道を塞ごうという考えからだった。それでもこう着状態が続いたことで、2カ月後、Uインターはついに〝実力行使〟に出る。

94年11月30日、日本武道館のリング上から、鈴木が「安生洋二選手を〝グレイシー柔術へのヒットマン〟として、正式に送り出すことが決定いたしました」とファンに報告。そして安生も「ヒクソンだろうが誰であろうが、俺で十分です。プロレスを10年間まじめにやってきた者の力を見せてやります。このまま中途半端な形では終わらせませんので、まあ、見ていてください」と、ファンの前で宣言した。

Uインターにおけるこういった発表や会見は、すべて〝Uインターの頭脳〟と呼ばれた宮戸が原稿を書き、プロデュースしたものだ。

しかし、このときの「ヒットマン」という言葉が、ヒクソン側を極度に警戒させ、本来、交渉のためだった安生の渡米が、〝道場破り〟となる要因ともなってしまう。

あのとき、安生に「ヒットマン」を名乗らせた、宮戸の真意とはなんだったのか？

宮戸 あれは、ファンの人たちに「Uインターは本気だ」というところを見せるため。また「アメリカまでわざわざ行ってでもやるよ」という姿勢を示したかったので、「ヒットマン」という言葉は、その本気度をいかに衝撃的に伝えられるか、というところから出てきたものなんです。

ただ、僕は道場破りというような形ありきでは考えていなかった。当然、道場なんかでやったって、1円にもなりませんからね。僕としては、「向こうの道場まで行った」という事実をつくりたかったんです。ヒクソンは実際に交渉しても、(対戦を)受けないわけですよ。その受けないなかで、アメリカの道場まで行くという事実はすごく大きい。ただ、もしものこと(その場で対戦を迫られる)があるから、現地に着いてから2週間ぐらいの幅をもって、最初は国内外のUインター精鋭15人ぐらいで乗り込もうって言ってたんですよ。すでに、ダン・スバーン、ゲーリー・オブライト、ジーン・ライディックら何人かは、みんなオッケーしてくれていたんです。

僕としてはそれだけのメンバーで行って、Uインターの〝姿勢〟というものを見せたかった。決して、そこで(試合を)やることが目的じゃない。道場に行くことでUインターの姿勢を見せて、交渉はそのあとで詰めればいいという思いだったんです。

だから逆に言うと、安生さんがあそこに入ってしまったのは、僕にとっては大いなる誤算だった。

「ヒットマン＝殺し屋」では交渉できない

たしかに、日米精鋭15人で乗り込んでいたら、ヒクソン側もその場で易々と対戦を受けることはできなかったであろう。しかし、「道場破りは誤算」と言われたことに、当の安生が猛烈に異を唱えた。

安生 いやいやいや。あんたね、人にリング上から「ヒットマン」なんて言わせておいて、交渉なんてできるか⁉ 「フロム・ジャパン・アイム・ヒットマン」って訪ねていって、「それでは交渉を始めましょう」って、なるか⁉ そのまますんなり帰してもらえますかって！

宮戸 もちろん、わかります。だからこそ、2週間という幅を……。

安生 （さえぎって）2週間もなにもないでしょ！ 向こうに着いたら、マスコミがみんな待ってます、ヒクソン側にも行くことが伝わってます。さあ、いつ行くんですか？ 「2週間後に行きます」って答えられますか⁉

宮戸 だから、あれは安生さんの責任じゃない。

安生　責任があるとしたら、宮戸さんが書いたあの台本ですよ！　どれだけ俺があの台本を渋ったか。自分の口から「ヒットマンとして乗り込みます」と言わせたあの台本。なぜその間違いを認めないいんですか？

宮戸　安生さんは、「ヒットマン」と自ら発信したことへの責任感を感じてロスに向かったわけですよね。

安生　責任感あるに決まってんでしょ。自分の口から「ヒットマンとして、ヒクソンのところに行く」って言っちゃってるんだから。それで向こうに着いて、「2週間後に行きます」なんてことができますかって。

宮戸　わかってる。ヒットマンていう言葉を口にしたら、たしかに行かざるをえない。

安生　あれはね、本人に言わしちゃいかんよ。誰かが言ったことに、俺が交渉役として乗っかったんならなんとでもなるけど。リング上で、俺の口からそんなこと言わせないでよ。英語で「ヒットマン」ってなんだかわかります？　「殺し屋」ですよ。で、俺はヒットマンとして銃社会のアメリカに単身乗り込んだわけだ。それだけのことを俺に言わしたのよ⁉

宮戸　いや、まあだから……。

安生　（さえぎって）えっ、まだ言うの？（笑）。そこは「そうだよな、言いすぎたな」って、なぜその一言を50過ぎて言えないのかな〜。

宮戸 「ヒットマン」という言葉を言わせてしまったのは、僕も認識が甘かったし、申し訳なかった。たしかに本人に言わせてしまったら、その責任を果たさないといけなくなってしまうもんね。でも、僕としてはあそこで安生さんを道場に送り込もうとしたわけでなくて、既成事実をつくりたかったというのは本音なんですよ。ただ、結果的に安生さんを行かせてしまったのは、僕と笹崎（伸司）さんが、ちゃんとコミュニケーションを取れてなかったからなんです。

ヒクソンに勝ったら安生は殺されていた!?

94年12月、渡米した安生を待っていたのは、Uインターで外国人選手のブッキングを担当していた、元新日本プロレスの笹崎伸司だった。本来、司令塔の宮戸の指示を受けて、安生とともにヒクソンとの交渉に当たらなければならない立場だったが、その連絡が不十分だったことで、歯車が狂ってしまう。

宮戸 本来、しっかり密に連絡を取り合って、万全の状態でヒクソンのところに行くはずが、安生さんがロスに着いたあと、笹崎さんから「じゃあ、どうしようか」という電話が一度もなく、ことが進んでしまったんですよ。「マスコミが来てるから行かなきゃ」という形で、安生さんを連れていってしまった。そのマスコミというのも、

イシー×高田
by

PR
京ドーム
ャル・マッチ
ヒクソン・グ
Presen

笹崎さんがアメリカ駐在の記者やカメラマンを何人か呼んだものなんだけど。

安生　俺は朝、ジミー鈴木に起こされたからね（苦笑）。

宮戸　でも、そのマスコミに急かされるっていうのがおかしいでしょ⁉　だから笹崎さんに言ったの。「なんで、マスコミに起こされるようなことをさせたんだ、なんでその前にこっちに電話をくれなかったんだ」って。事前のやり取りが一切なかった。

安生　いや、だったら自分が来りゃよかったんですよ。

宮戸　安生さんは知らないかもしれないけど、俺も行くっていう話を鈴木さんとしてたんだよ。そしたら、「いや、飛行機代2人分は払えない」と。

鈴木　だって、俺はその場で闘うなんて思ってなかったから。あくまで契約交渉に行くものだと思っていたから。安ちゃんは、ロサンゼルスのあと、イギリスでも仕事が入ってたんだよ。だから、ロスのヒクソンのところでコンタクトを交わして、イギリスを回ってから日本に戻るルートができていた。そこに二人は必要ないんじゃないの？　っていうことだったの。

宮戸　だから、僕は一緒にロサンゼルスまで行こうと思ってたんだけど、鈴木さんはそのあとのヨーロッパまで考えていて、2人分は払えないって計算をしてしまったということなんですよ。

安生　じゃあ、自腹で来りゃよかったじゃん。まあ、宮戸さんがいたところで、どうにもならなかったと思うけど。

宮戸 俺だったら、あそこで安生さんをヒクソンの道場に入らせてはいない。向こうが道場にマスコミを入れないと言った時点で、「ほらみなさん、彼らは第三者の目がある公衆の前では、こうやって姿を隠してしまうんですよ」と、道場には入らず、一度引き返してましたよ。

ここで鈴木健が、「これ以上は〝たられば〟の話で、水掛け論になってしまうから、この話はもう終わろう」と、割って入った。そして、あの一件をこう結論づけるのだ。

鈴木 あのときは、俺や宮戸ちゃんのコミュニケーション不足で、結局、安ちゃんを一人で道場破りに行かせちゃったわけだけど。俺は、ヒクソンに勝たなくてよかったと思う。安生洋二がもしあそこで勝っちゃったら絶対殺されてるから。

宮戸 ああ、たしかに殺されてるね。

鈴木 だから負けてよかった。マスコミもすべて排除した密室で道場生50人以上に囲まれながらやってね。もし勝ったところで、そのあと袋叩きにされて、殺されちゃうよ。向こうとしては、それでいいんだもん。「道場破りなんだから、命懸けで来てるんだろ？」って理屈で、正当防衛だってやっちゃえばいいわけだから。そういう意味で、その後の安生洋二がいるのは、あのときに負けたから。これは後付けじゃなくて、本当に。勝ってたら多分死んでたと思う。だから、生きててよかったよ。

「打倒グレイシー」に本気だという姿勢を見せるために、ヒクソン道場行きを提言し、交渉を優位に持っていこうとしていた宮戸。1万人以上のファンの前で「打倒ヒクソン」を宣言した責任感から、単身ロサンゼルスに飛んで命懸けの果たし合いに挑んだ安生。そして、スポンサーもいないなか、ヒクソン戦実現に向けて、必死に資金繰りをしていた鈴木。

それぞれが本気で動きながら、微妙な考えの食い違いや、コミュニケーションのズレが生じ、さらに「ヒットマン」という言葉が一人歩きしたことで、あの〝道場破り失敗〟という大事件が起こってしまったのだ。

「3人体勢なら新日本を潰せた」

これをきっかけに、3人の関係はギクシャクしたものとなり、これまでUインターを圧倒的な勢いで牽引してきた、宮戸、安生、鈴木のトロイカ体制は崩壊。そこから高田の〝極めて近い将来〟での引退宣言、参院選出馬から落選、そして新日本との10・9東京ドームでの対抗戦で高田が武藤敬司に敗戦と、負の連鎖が雪崩のように襲い、96年12月、Uインターは5年半の歴史に終止符を打つこととなった。
そういう意味では、髙田を頂点に、宮戸、安生、鈴木がそれぞれの役割を果たしながら脇を固めた、あの体制こそが〝Uインター〟だったのだろう。

宮戸　結局、あのヒクソン戦から歯車が狂ってしまったわけだけど、それまでの僕ら3人が強固だった時代というのは、常に勝ちを収めてきていたわけですよ。それが、僕が安生さんに不用意にああいう言葉を使わせてしまったり、連絡がおろそかになったり、お金の面も含めて、それぞれのちょっとしたズレが、不協和音を生んで崩れてしまったのかな、と思う。
でもね、鈴木さん。俺ら3人がガッチリと手を結ぶことができていたら、髙田さんは選挙に勝ったと思うし、負けるような選挙なら出してないだろうし、新日本との対抗戦だって、逆に新日本のほうが潰れてたんじゃないかと思う。それぐらい、3人体制がうまくいっていたときは、ものすごい力を発揮していたから。だって、永島（勝司・新日本取締役）さん、長州さんと交渉するとき、「宮戸はいないんだな」って言われたわけでしょ？　僕ら3人が揃った体制というのは、向こうもそれだけ怖かったたってことだから。

鈴木　うん。それもそうだし、結局、長州さんと永島さんがやってた、あの体制の新日本だって崩れたわけでしょ。でも、Uインターは活動が終わっても、PRIDEを生んだわけだよね。俺はPRIDEは、形を変えたUインターだと思っているから。それがいま、RIZINにも繋がっているように、Uインターが生み出したものっていうのは、本当に大きい。やっぱり俺たちは最高に輝いた時代があったし、大きな話題や素晴らしい試合を提供することでプロレス界にも貢献したし、その後、所属選手たちがいろんなところで活躍して、新しいものを生み出していった。Uインターの在り方はこれでよかったと思う。俺はUインターに関われて、本当に幸せだよ。最高に幸せな場を設けてくれて、宮戸ちゃんありがとう！

宮戸　こちらこそ、ありがとうございます。あのUインターの時代というのは、この二人がいなければつくれなかった時代で、あのまま3人がうまくいってたら、どんなUインター王国ができていたんだろうな、という思いもあります。また、髙田さんのヒクソン戦だって、我々3人が一緒だったら、受けさせなかったかもしれないし、やったら負けさせなかったな、という思いはいまでもあります。ただ、過去を後悔してもしょうがないし、僕自身、もうあの時代の昔話はこれで最後にして、いま現在の〝CACC〟に専念したいと思います。あと最後に安生さん、あの「ヒットマン」のことは、申し訳なかったです。

安生　まあ僕もね、Uインター時代に人前でしゃべっていた言葉は、宮戸さんの台本ではありますけど、自分自身それに乗っかって、そういう気持ちになってましたし。前田さんに対しても、ヒクソンに対しても、「やってやるよ!」っていう気持ちはあったから、あれがホントの俺じゃないのかなと言ったら、あれもホントの自分ですしね。ただ、台本がなくなったほうが楽ではありました。宮戸さんがいなくなってからは、くだけすぎちゃって、自分がどんだけふざけた人間なのか、わかっちゃいましたけど(笑)。

こうして真剣に本音をぶつけ合ったあと、がっちりと握手を交わした3人。この本気の結晶が、あの時代のUインターの熱だったのだ。

平成プロレス10大事件❹

〈平成10年〉

アントニオ猪木の引退

道

どうなるものか
危ぶむなかれ。
危ぶめば道はなし
踏み出せば
その一足が道とな
迷わずにゆけよ
ゆけばわかる。

平成プロレス10大事件④ アントニオ猪木の引退

「引退後の猪木はPRIDEから金をもらって、新日本を利用した」

告白

新日本プロレス元取締役

永島勝司

取材・文●峰尾宗明
撮影●川本健司

PROFILE

永島勝司 ながしま・かつじ●1943年、島根県生まれ。専修大学卒業後、東スポの記者となるが、88年、アントニオ猪木からの誘いで、新日本プロレスに入社。プロデューサーとしてUWFインターナショナルや全日本プロレスとの対抗戦など、数々のヒット企画を手掛け、「平成の仕掛け人」と呼ばれた。取締役を務めたのち、2002年に退社。長州力とともにWJプロレスを旗揚げするが、経営悪化で04年に休止。「内外タイムス」編集局長などを経て、現在『バトル・ニュース』編集長。

数々の観客動員記録と伝説を生み出してきた新日本プロレスの東京ドーム興行。

全日本プロレスと初の交流戦が行われた際（1990年2月10日）は、チケットが完売。それでも試合を観たい観衆が、場内のオーロラビジョンが見える東京ドームのガラス扉の前で鈴なりになった。

3回目の東京ドーム興行（91年3月21日）では、当時の観客動員記録6万4500人を達成。

その9日後に行われたSWSの東京ドーム大会が、それを上回る6万4618人と観客数を発表。見た目はどう見ても新日本のほうが入っていただけに、ファンの論争の的となった（SWSの観客動員は東京ドーム側が発表したものでSWSも困惑）。

さらに、新日本vsUWFインターナショナル（95年10月9日）の対抗戦は異常な人気を呼び、観客動員記録を更新（6万7000人）。招待券はUインター側にすら10枚も回らなかったという。

しかし、それをも上回る人気で、「東京ドームで唯一、立ち見券が発売されたプロレス興行」が存在する。それが、98年4月4日に行われた「アントニオ猪木引退興行」である。追加発売された1階スタンド席最後尾にある手すりの後ろから観る立ち見席、1500枚（4000円）が瞬く間に完売。都内の金券ショップでは3万円のリングサイド席に30万円の値がつく異常事態。観客動員は主催者発表で7万人だった。

〝東スポ的発想〟でアングルづくりに協力

当時、新日本プロレスの企画宣伝部長だった永島勝司が振り返る。

「猪木の引退興行は新日本vs Uインターを上回る動員だったんだよな。そもそも、猪木は新日本vs Uインターを嫌がってたんだ。『髙田（延彦）なんて使うなよ』って。理由？　その3カ月前、髙田も猪木も参院選に出馬したんだよな（猪木は「スポーツ平和党」、髙田は「さわやか新党」より出馬）。ところがどちらも惨敗して……猪木としては、髙田が票を取っていったという気持ちもあったんだと思う」

猪木引退興行をプロデュースしたのがほかでもない永島。言わば、本当の意味で、〝猪木を引退させた男〟だった。

猪木と昵懇の仲となったきっかけは、永島が東スポの記者だった時代、記者会見で、ある疑問をぶつけたことだったという。

「70年代の後半だったな。プロレス担当に回されて、初めて新日本の会見を取材したんだ。同じタイトルマッチの2連戦が発表されて、どちらも、『王者猪木vs○○』になってる。忘れちゃったけど、同じ選手なんだよ。同じカードの2連戦なんだけど、疑問に思った俺は、『これ、なんで二つとも同じカードなんですか？　初戦で猪木選手が負けても、次の試合は同じカードなんですか？』って聞いたんだ。瞬間、会見場が水を打ったように静まり返ってさ。勝手を知っている記者たちは、『猪木が負けるわけないじゃないか』と言うわけよ。ところが、俺は新人だったからわからなかったわけ。そしたら、会見後に、猪木に直々に呼ばれてね。社長室でこう言われたの。『永島さんとおっしゃいましたね。それでいいんですよ。疑問に思ったことは、ぜひ、どんどんぶつけてください』。最後はエレベーターまで見送ってくれてね。猪木は俺を、『面白いヤツだ』と思ったのかもだけど、そこまでされると、俺も猪木に参っちゃってね（笑）」

以後、二人は水魚の交わりを結ぶ。東スポ記者ならではの永島の発想は、猪木のもっとも好むところとなった。

「選手が泊まってるホテルのプールにスタン・ハンセンがやって来て、少し離れた位置に、猪木もやって来た。そこで、二人一緒に写るように写真を撮って、『猪木・ハンセン、プール上の決闘』と見出しにするわけ。なんも起きてないんだけど、どうせ誰にもバレはしないし（笑）。だって、猪木vsハンセン戦を当時の金曜夜8時放送の『ワールドプロレスリング』でやるんだったら、その前にこういう記事があったほうが、絶対盛り上がるじゃないか」

虚実ないまぜの誇張を得意とした永島は、次第に、猪木のアングルづくりに加担するようになる。当時、営業本部長だった新間寿氏のこんな発言がある。

「なぜだか、70年代後半から、猪木が地方から本社に電話をかけてきてね。『次の試

スポーツ

合、こうするから』とか、『次のテレビ放送のカード、こう変えるから』と指示するようになったんだよね」

これこそ、猪木と永島の、二人三脚によるアングルづくりの表れだった。

「長州がフリー宣言をして行方不明になったとき（83年6月）、会社的には長期欠場になるわけだけど、俺は新聞さんに言われたよ。『永島さん、あんた長州をどこかに隠したんだろ!? 狙いはなんなんだ！　連れてこいよ！』って」

また、昭和の重大事件として名高い、ハルク・ホーガンのアックスボンバーによる猪木失神事件も、永島が影響を与えたアングルだったという（83年6月2日）。

「その頃の猪木は『プロレスに市民権を』とうたって、プロレスが朝毎読（朝日、毎日、読売新聞）に載るのを夢見ていた。だから、『病院、運ばれたらすごいな』と言っただけなんだよ。それをIWGPの決勝でやっちゃうのが猪木のセンス。ただ、あのとき、リング上で診察した富家（孝・リングドクター）さんが『命に別状ありません』って言ったのは余計だったけれど（笑）。俺は内心、『猪木のヤツ、本当にやった！』と思って、そこからどうしたと思う？　一番最初に東スポの車で猪木の乗った救急車を追ったんだよ。わざとね。救急車に『その後ろー。新聞社の車！　危ないからやめなさい！』って言われながらね。そしたら他紙は、『おい、永島があんなに本気になってるぞ。本物だ、こりゃあ！』って、思ったんだ」

猪木への引退勧告に難色を示した古舘伊知郎

一旦はプロレス取材の現場を離れた永島だったが、猪木とは頻繁に手紙のやり取りをするなど関係が続き、89年、ついに新日本のフロント入りすることになる。同年4月には業界初の東京ドーム大会が成功、7月には猪木が参議院議員に当選と、新日本も新しい時代に向かっていた。

永島が猪木の引退を考えたのは早かったという。

「80年代後半から、思うような動きができなくなっていた。87年の最初のあたり、俺と猪木と古舘伊知郎で飲んでいたとき、俺は猪木に言ったんだよ。『もう引退したほうがいいよ』って。で、直後の東スポで、こう一面を打ったんだ。『猪木引退』。右下に小さく『勧告』と(笑)。猪木の反応？　古舘が、『永島さん、それは言いすぎですよ』と言う一方で、猪木は、『お前に言われちゃ、しょうがねえなあ』って笑ってた。でも、そのときから本人も引退を視野に入れてたんじゃない。だから、『国政に挑戦する』と聞いたときは万々歳でしたよ。新日本もいつまでも猪木、猪木じゃいけないわけだから」

国会議員になって以降の猪木は、新日本にはスポット参戦となる。

猪木自身によれば、議員当選前、最後のビッグマッチだったショータ・チョチョシビリとの再戦（89年5月25日）を実質的な引退試合にするという述懐もあるし、約19

万人の前でプロレスを披露した北朝鮮でのリック・フレアー戦（95年4月29日）をラストマッチとしたい旨などを各紙誌に語っていた。だが、いずれにせよ、永島にとって、猪木に正式な引退試合をさせることが、自らの役職上の責務でもあった。

「そう大それたものでもないけど、潮時だろうと。そこに、WARから天龍源一郎という選手がやって来た。マッチメイカーとしては、当然、二人の一騎打ちを考えるよね。場所は東京ドーム。これはいいだろう。次に勝ち負け。これは……うん、俺は猪木の負けかなと思ったんだよな。『そろそろ引退への幕引きを』という気持ちがあったから。それで、猪木のとこに行って、『猪木、実は次の天龍戦だけど、負けてくれ』と言ったら、猪木が『わかった』と。もともと、マット界の潮流を読むのはうまいんだけど、このとき、天龍戦の負けの真意を理解してくれたことはうれしかったし、猪木自身、自分が潮時だと感じてるんだと思った。だから、天龍戦のあと、引退カウントダウンを打診したときも、快諾に近かったね」

長州、橋本を後継者と猪木は考えていた

猪木は94年1月4日、天龍との一騎打ちに敗退。同年2月24日、新日本の日本武道館大会のリングに上がり、「引退カウントダウンマッチ」の開催を発表。永島は対戦相手の選定に追われた。

「カウントダウン相手の交渉は、全部が俺というわけではないよ。実現しなかったけど、ホーガンやハンセンの外国人勢は、もっぱらマサ斎藤やタイガー服部が交渉していたから。全日本の場合もそうじゃないかな？　カウントダウンマッチで試合内容まで覚えているのは、藤原喜明戦（95年3月19日）くらいしかない。あと、絶対にやらせたかったけど、実現できないまま終わっちゃった選手がいるんだよね。それは、橋本真也。96年10月に東京ドーム大会を予定していて、ここは猪木vs橋本戦、一本で行く予定だった。猪木は、昔は長州、次は橋本を自分の後継者と考えていて、これは俺の考えとも合致していた。『よしっ、じゃあ、一騎打ちだ』となったわけ」

橋本は、その約6カ月前の96年4月29日、髙田延彦からIWGPヘビー級王座を奪取する。そのときに着用したガウンの背中には、「闘魂伝承」とあった。以降、橋本はIWGPヘビー級王座を連続7回防衛した。余談だが、同年、新日本による『週刊プロレス』取材拒否事件が起こっている。

「〝新日本は、地方興行で手を抜いている〟とか、事実無根のことを書くからさあ。取材拒否は俺と長州主導でやったことだよ。向こうの編集長のターザン山本を呼んで、長州が灰皿を投げつけてたな」

結局、髙田vs橋本戦の行われた96年4月の東京ドーム大会の同誌の増刊号は、試合写真が1枚もなく、文字だけで構成するという、奇書さながらの出来上がりに。それは永島の、当時の権勢を物語っていた。

「でも、知っての通り、猪木vs橋本戦は実現しなかった。理由？　猪木が負けを嫌がったから。その後、橋本を気にいっていたはずの猪木を変心させたのは小川直也だよ。97年4月（12日）の小川のデビュー戦で、猪木は小川を橋本に勝たせた。『小川は、いいなあ』と猪木はよく言ってたな。徐々に自分の後継者は小川だと思うようになっていたんだよ」

引退試合の〝上がり〟は、すべて猪木の懐に

猪木の引退試合は、98年4月4日の東京ドームに決定。同年1月4日、恒例の東京ドーム大会の際、自ら言明したものだった。なお、このときすでに、引退後に「世界格闘技連合」（のちの「ＵＦＯ」）を設立することを表明している。

「『猪木にとって、引退は次のステージへの階段』ということだよな。これを勘案して、引退試合当日は、猪木が退場するゲートに、コロッセオ風の幕を張ったんだ。新たに格闘技の原点に立ち戻る、みたいな意味でね。モハメッド・アリも呼んだ。猪木だから、いろんな人と縁があるんだけど、ゲストはアリ一人で十分だと思った。ギャラは経費込みで１０００万円。高いとは全然思わなかったね。アリには、彼がアトランタオリンピック（96年）の開会式で行った、聖火点灯をトレースしてもらった。彼

が登場して、用意した聖火台に点灯する。〝闘魂に点火〟という、単純な演出なんだけど、あとで猪木には褒めてもらったよ。『おい、シンプルでよかったなあ』って」

実際、引退興行は大成功だった。公式発表7万人は実数でなくとも、東京ドームの回転扉（退場者をカウントする機能が上部についている）は、6万人近くを計測した。このため、新日本の田中秀和リングアナが警察に事情説明に行くはめになったという。客を入れすぎ、消防法に引っかかったのだ。言うまでもなく、売り上げも過去最高。

「収入の桁が違っていた」とは、当時の新日本の経理・青木謙治氏の言葉である。

前後するが、同年3月22日の愛知県体育館大会で、猪木の引退試合の相手を決める「THE FINAL INOKI TOURNAMENT」が開始。小川直也、ドン・フライ、藤原喜明、山崎一夫、藤田和之、デイブ・ベネトゥー、ブライアン・ジョンストン、イゴール・メインダートが参加。8人制のトーナメントであり、1回戦4試合は愛知県体育館で行われたが、準決勝と決勝はなんと引退試合当日の東京ドームで行われることになった。

「多分にファン的な発想なんだけど、そうすると猪木の相手は、その日、3試合目となるよな。だから、負けても傷がつかないと思ったわけ」

そして、トーナメントを勝ち抜いたのは、ドン・フライだった。

「これはもう、完全に猪木が決めたことだった。そう言われたら、こっちはもう直せ

アントニオ

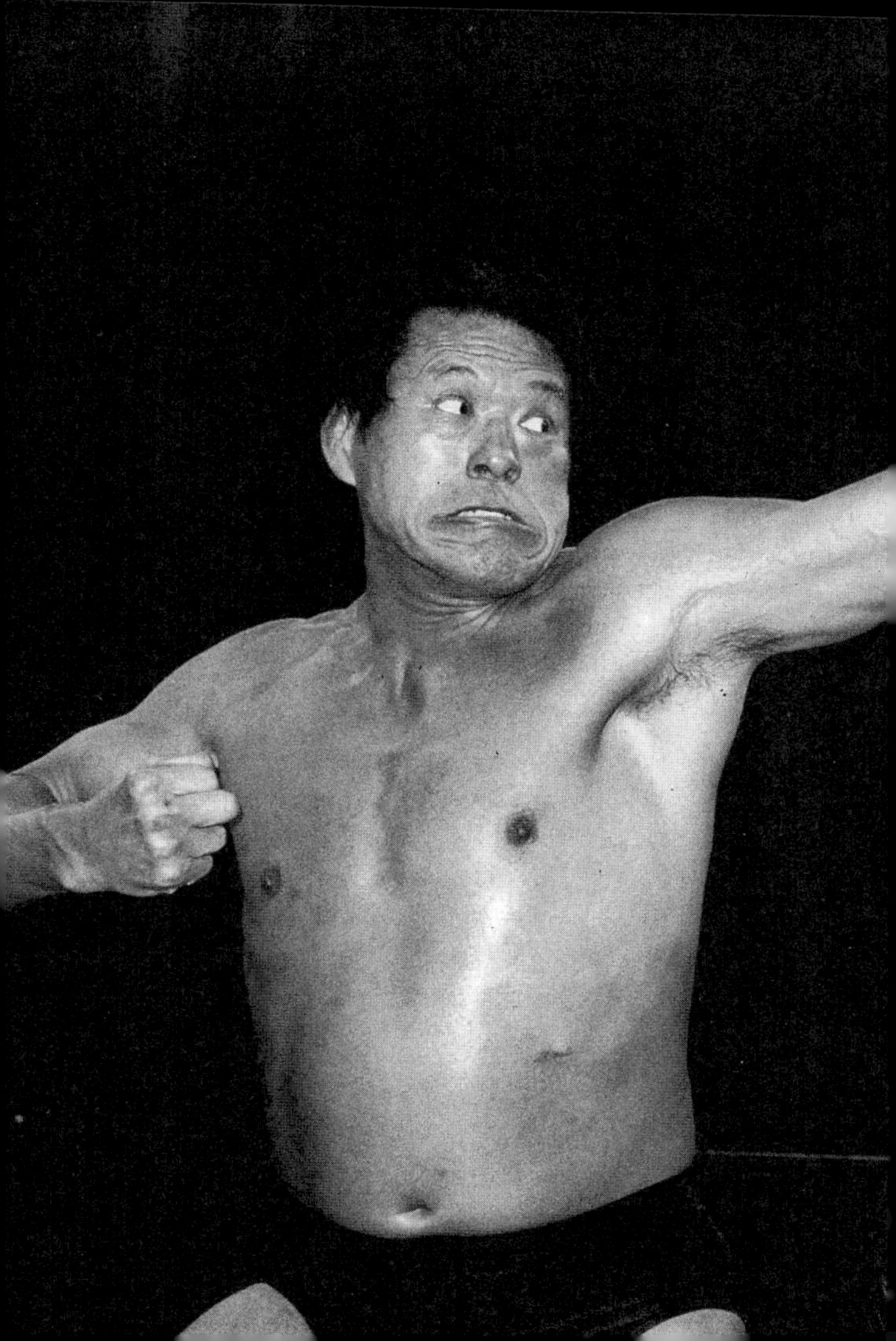

ないよ。俺としては、いや、あの日、東京ドームに詰めかけたみんなが思ったことだろうけど、『なんで小川を最後の相手にしないのか』と思った。俺はもう、猪木vs小川戦を大前提に考えてたから。ただ、その場合、『勝ち負けをつけるのは難しいな』とも思っていた。フライにした理由？　猪木にしかわからないよ。小川より手が合うと思ったんじゃないか」

引退試合の〝上がり〟は、すべて猪木の懐に入ったという。

同年10月、猪木はUFOを旗揚げ。このあたりを、永島は新日本の分岐点と見る。

「『猪木事務所』ができたのが、引退の翌月（5月）なんだけど、そうすると金の動きが、どんどん不透明になっていった。倍賞鉄夫は、当時、新日本と猪木事務所の両方に所属してたから、こう言っちゃなんだけど、やりたい放題。大元は猪木さんのやることだから、坂口（征二）さんですら文句を言えない状態。経理というか、金庫番のはずの青木もね。彼はのちに全日本に移籍するわけだけど、そりゃあ、あれだけ金の流れが不透明なら、辞めたくもなるわな。

橋本は猪木事務所に、意外と反抗してたよ。のちに小川に潰されたこともあったとは思うんだけど、それ以前から、道場の猪木のパネルをよく外してた。もともと、猪木信者のはずなんだけど、『いまは俺のほうが強い』という気持ちもあっただろうし。使途不明金もそうなんだけど、新日本が猪木なり、猪木事務所の言いなりになってたのが悔しかったんだろう」

プロレスを守ろうという気持ちが失せていた猪木

「逆に言えば、90年代は金銭的な面で豊かな時代だったんだよ。プロレス・ブームと言われた80年代前半なんて、猪木はずっと金策に走り回ってたからね。佐川急便の会長（佐川清）宅にもよく行ったもんだよ。金を借りるヤツは会長室の前の廊下で順番に座って待ってるんだけど、大物芸能人が多数居並ぶなか、猪木は優先して入れてもらえた。やっぱり佐川さん、猪木のファンだったんだよ。あと、名前は出せないけど、東村山にある大企業に行ったときなんて、トイレに行く社長に猪木がついて行って、トイレのなかで土下座をしたんだ。そこまでして必死に金を借りていた。

腹が立ったのが、テレビ朝日から新日本の道場を閉めろと言われたときな。あの道場は、そもそも猪木の家を改造したものなんだけど、その賃貸費を新日本が持つのはオカシイって言うんだよ。猪木の家賃みたいなもんじゃないかって。

それにくらべると90年代は、すごく安泰だった。でも、お金をたくさん自由にできた分、悪い方向に行った感じだったね。引退後の猪木は総合格闘技の『ＰＲＩＤＥ』に執心するようになったけど、これも結局は金だよ。振り返ればわかるけど、プロレスと格闘技は絡んじゃいけないものだったんだ。だけど、ＰＲＩＤＥから金をもらうことで猪木は新日本を利用しようとした。総じて言うと、猪木はプロレスを守ろうという気持ちなんて、さらさらなかったんだろうな」

永島は02年、新日本を退社。当時、交流のあった全日本の社長になるという噂を立てられ、それが猪木の逆鱗に触れたのだった。

「『お前もそろそろ外で勉強したほうがいいんじゃないか?』って、暗にクビを言い渡されてさ。そのあと、こう言ったんだよ。『猪木事務所にでも入るか?』って。俺は言ってやったね。『あんな悪の温床みたいなとこ、誰が行くか!』って。そして、俺が、『これからの新日本、どうするんだよ?』って聞いたら、猪木はさらにすごいことを言ったね。『全面的に、藤波(辰爾)に任せようと思う』って。俺は『えーっ⁉』だよ。こっちのほうが、よほどショックだったかもしれない(苦笑)。で、藤波に聞いたの。『辰っつぁん、猪木が、全部お前に任せると言ってるけど?』。そしたら藤波は、『う〜ん……』って。いつもの優柔不断な藤波だった。『こりゃ、新日本も長くないかもな』と思ったね」

長く没交渉が続いた猪木と永島だが、15年、猪木のパーティーにノーアポで乱入する形で旧交が復活。

「相変わらず、忙しく世界を飛び回ってたよ。環境問題、エネルギー問題、それらに猪木なりの貢献をしたかったみたい。内実は一時期の『永久電池』みたいに、ヤマ師めいてたんだけど……まあ、生き生きとはしてたな。

でもさ、長く側にいたからわかるんだけど、考え方を含めて、結局、猪木に一番似合う世界は一つしかなかったんだよ。そう、プロレスの世界。迷惑な金の問題もいろいろあったけど、みんなもそうは思わないかなぁ。

その後の猪木の格闘技への傾倒を思えば、ドン・フライを相手にしたあの引退試合が、本当に猪木のプロレス界からの引退になってしまったね。そう考えると、年を経るごとに、あの引退試合の印象は強くなるね」

平成プロレス10大事件❺

〈平成11年～平成17年〉

橋本×小川〝1・4事変〟と橋本真也の死

平成プロレス10大事件⑤

橋本×小川〝1・4事変〟と橋本真也の死

橋本の不倫相手から受けた葬儀での仕打ち

告白

橋本真也元夫人

橋本かずみ

取材・文●瑞佐富郎

撮影●山田南星

PROFILE

橋本かずみ はしもと・かずみ●1966年、東京都生まれ。プロレスファン時代に橋本真也と出会い、91年に結婚。1男2女をもうけるが2005年3月に離婚。同年7月11日、橋本真也が急逝。前夫人の立場で葬儀に参列する。11年3月、長男・橋本大地がプロレスデビュー。著書に『火宅〜プロレスラー・橋本真也の愛と性』(宝島社)。

橋本真也の運命を変えた1999年の「小川vs橋本1・4事変」から6年後、破壊王は早すぎる死を迎えた。90年代、新日本プロレス黄金時代の主役だった闘魂三銃士の時代から、死の直前まで妻としてともにすごした元夫人のかずみさんに、橋本との出会いから別れ、葬儀場で不倫相手から受けた仕打ちまで、これまで語ることのなかった真相を語ってもらった。

三銃士の奥さん同士でよく遊んだ

「橋本に、どうして惚れたかって？　カッコよかったからです（笑）。橋本の試合を初めて観たのは、89年、両国国技館で負けた試合でした（12月7日、橋本真也vs長州力戦）。退場のときに相手をカッと睨みつけたんですね。瞬間、思ったんです。『あっ、勝気な人なんだな』と。私自身、小学生のとき、小児ぜんそくを患っていましたから、体が丈夫で、強い人に憧れがあったのかもわかりません」

当時、23歳だったかずみさんは、知り合いがプロレス好きだったこともあり、急速にその魅力に取りつかれていく。橋本と知り合ったのは、90年4月27日の東京ベイNKホール大会。カードは、橋本&マサ斎藤vs武藤敬司&蝶野正洋だった。

「以前から仲が良かったテレビ朝日アナウンサーの藤井暁さんが繋いでくれました。プロレス実況もやっていた方です。すごく真面目で誠実な方で。でも、その分、プロレス実況には向いてなかったようで、よく辻（よしなり）さんに怒られていたのを思い出しますね。橋本の初対面の印象？ いきなり、『御飯でも食べに行きましょうよ！』と言うので、軽い人だなあと。そこから初めてのデートまで、約1年かかりましたね」

90年12月、異種格闘技戦でトニー・ホームに負けた橋本はリベンジを期し、翌年2月の札幌2連戦の初日（5日）にホームと再戦。ところがここでも惨敗。かずみさんはこの試合を会場で観戦していた。

「試合後に彼のいるホテルまで電話したら、『明日も札幌で試合があるけど、俺は帰るから……』と。思わず『私も一緒に帰る』と言ったんですが、彼は聞いてくれなくて。それで、翌日の2連戦まで観て、飛行機に乗って新日本の道場に駆けつけたんです。そしたら彼が、『一緒に食事でもしようか』と。道場の近所のイタリアンレストランが初めてのデートでしたね。

最初からなんとなく『この人と結婚するんじゃないのか』という気持ちはありました。彼のほうから、こう聞かれたことがあったんです。『なんで武藤さん蝶野さんには〝さん〟付けなのに、俺だけ〝真くん〟呼ばわりなんだ』と。だからそのとき、なんとなく結婚するんじゃないか、というニュアンスで答えたことがありますね」

トニー・ホーム戦の連敗を経て、橋本は91年2月25日、ケガでの長期欠場を発表。

中国に膝の治療も兼ねて修行に行くこととなった。かずみさんへのプロポーズは、なんとこの直前だった。

「プロポーズは、中国に行く前。渡航が長期の2カ月になることもあって、『早く籍を入れたいから、区役所に行ってきて』と。私の誕生日が近かったので、指輪とペンダントももらいました。でも、私、一度は断ったんです。私自身、銀座でのお仕事がありましたし、プロポーズには少し早すぎる。それに、彼は三銃士としてこれからの人じゃないですか。そんな葛藤があって。ところが、彼は『そんなのかまわない』と。結局、そのときは籍は入れずに、秋に改めて籍を入れました」

中国へと飛び、かずみさんと離れ離れになった橋本。当時、新日本の取締役だった永島勝司氏によれば、このときの国際電話料金は、200万円にものぼったという。

「中国で、彼は北京大学の寮に住まわされていたんですが、いまみたいに携帯電話のない時代ですから、寮に国際電話をかけるわけですよ。ところが向こうは日本語がわからない。結局、橋本を呼び出せずに一方的に切られちゃったり。橋本は橋本で手紙をくれるんですけど、内容は文句ばかり。『食事に砂利が入ってる』とか、『ここは日本の刑務所以下だ』とか（苦笑）。寂しかったんでしょうね。私が中国まで行ったら、空港で抱き上げて、アメリカ映画のようにグルグル回したんです。恥ずかしかったけど、いまではいい思い出です。そのときの旅費は、新日本が全部持ってくれたみたいで、永島さんとかが気を利かせてくれたんでしょうね。橋本はそうやって人に甘えるのが得意でしたから」

闘魂三銃士では、結婚式は蝶野が一番早く、91年12月28日にマルティナ・カールスさんと挙式。武藤が92年の10月4日、芦田久恵さんと挙式。橋本と（田中）かずみさんの挙式は、93年の5月9日だった。

「結婚披露宴は結局、三銃士では一番最後になりました。私のお腹に子供がいると知ると、永島さんが、『ふざけんな！　じゃあお前らの発表は一番あとだ！』と。落ち着いてからという配慮だったんでしょう。三銃士の奥さん同士でもよく遊びましたね。久恵さんは美人だし、マルティナは家庭的な印象。一緒に試合を観に行ったりもしました。マルティナが、試合であまり働かない蝶野を怒ったことがある？　ああ、マルティナならありそう（苦笑）」

「お前は正室なんだから、側室のことでガタガタ言うな」

人気商売であるプロレスラーはとにかく女性にモテる。トップ選手だった橋本の妻だったかずみさんも、女性関係の苦労は尽きなかったようだ。

「常にほかの女性の影はありました。一生のうちに、女性が尽きたことのない人生だったと言えるんじゃないですかね。例えば、91年の5月頃かな。ロスに二人で滞在していた時期に、家の留守番電話を外出先から聞いたんです。そしたら流れてきたのが、『あの子に、子供ができたのよ。あなた、どういうつもりなの?』って女性の声で。その方のお友達なんでしょうけど、私が橋本を問い詰めたら、『知らない』の一点張りで(苦笑)。

不倫も何度かありました。95年あたりには、『家庭がどうなるかを考えながら東京ドームの花道を歩いたのは初めてだ』って言ってましたよ。人気商売だし、私も半分は諦めてました。彼自身、『英雄、色を好むって言うだろ!』みたいに言ってましたし。自分で言うところがすごいですよね(笑)。『お前は正室なんだから、側室のことでガタガタ言うな』とも言ってたかな(苦笑)」

早くから両親のいない家庭で育った橋本は、かつて「母性本能が強い人にいつも憧れます」と発言していたが(『デラックスプロレス』86年6月号)、かずみさんはどう感じていたのか。

「その通りだと思います。彼自身、お母さんを早くに亡くしたことも影響しているんじゃないかな。生き別れたお父さんとも、テレビ番組の企画で会ったことがあります(97年9月22日放送・テレビ朝日『あなたに逢いたい!』)。ただ、この番組ではいろいろと問題が起こって……。

お父さんは、元々寿司職人だったらしいのですが、会う前に橋本の親族から大反対されたんです。『お前の父親は、お前の思ってるような人じゃない』って。『お前の住所と電話番号を教えないという条件なら、会ってもいい』と親族から言われました。実際に会うと、孫のことなんて全然興味ない人で、それはまだしも、『プロレス、好きでさあ。岐阜出身で橋本真也って選手が出て来たとき、もしかしたらって、ずっと気にしてたんだよ。あっ、そういえば真也ってのは、俺が名付けたからね』って。なら、普通、息子だとわかるでしょって。変わった人でしたね。

本当に大変だったのはそのあとで。新日本のほうにお父さんから何度も電話があって、『お金がないから、真也の電話番号を教えてくれないか』と。『真也に会うために、お金がないから大阪から東京まで歩いて来た』とか、『いま警察にお金を借りて電話をかけてる』とか……。結局、以降は没交渉になりましたけど、新日本にも随分迷惑をかけたと思っています。

ただ、橋本はそれでも、親族への愛情は深い人でした。たとえば、98年に私の祖母が交通事故で亡くなったときは、地元の千葉まで急いで車で駆けつけてくれたんですけど、その際、知り合いの警察官に電話をかけたんです。『いまから千葉まで大急ぎで飛ばすから、もしスピード違反だとしても見逃すように全警察に言ってくれ』って（苦笑）。橋本らしいですよね」

「欲しい！　欲しい！　買って！　買って！」

橋本は、93年9月にＩＷＧＰヘビー級ベルトを初奪取。94年5月に再奪取を果たすと、以降、当時の記録となる連続9度の防衛に成功。完全に新日本の主役の一人となった。当時の新日本は、ドーム興行を連発し我が世の春だった。全日本プロレスと新日本の主力レスラーの収入は3倍の差がついているとも言われた。

「羽振りのよかった時期？　う〜ん、私は自分の家庭のことしかわかりませんから比較のしようがなくて。でも、結婚前の91年、ちょうど清原（和博）さんが史上最年少の1億円プレーヤーになったときで、そのニュースを観ながら、『いいなあ、俺もあと少しなんだがなあ』と橋本が言ったんですね。だから私は『８０００万円くらいもらってるのかしら？』と思ったんですが、結婚したら、まだ清原さんまでは大分あるじゃない、と。ただ、年を経るごとに、どんどん上がっていったのは確かです。

新日本からいただけるお金は、毎月、年棒の12等分で入るんですが、それはすべて私が管理していました。そこから橋本に一銭も渡すことはなかったです。いま考えると不思議なんですけれど、それでも橋本は常に１００万円以上持ち歩いてたんですよ。そう新日本以外の、例えば営業のお仕事とかは、全部橋本の収入になるわけですけど、そういう意味でも、いい時代だったということでしょうね。

金銭感覚は、まあ、みなさんもご存じかも知れませんが、すごかったですよ。お気に入りのオモチャを買うのに、自分用、保存用、ときには息子の大地用と、同じものを3つ購入してましたからね。オモチャ屋で30万円くらい使うのはしょっちゅう。保存用のは、私がビニールに包んで押し入れのなかに入れてね（笑）。

びっくりしたのは、その直後から、友達のゲレンデで、『ゲレンデヴァーゲン（ベンツの一車種）に乗せてもらったんですが、あれよりいいのが欲しい！』って言い始めて。ウチはもうそのとき、ベンツは持ってたんですよ。なのに、『欲しい！　欲しい！　買って！　買って！』って、ソファのところで暴れて。子供みたいでしたよ。そのときはさすがに私が管理してる新日本の給料から出してあげました」

長州力への「悪口」と安田忠夫への「愛情」

新日本の中心人物になるにつれ、ほかの選手との関係もマスコミに取りざたされるようになっていった橋本。なかでも長州や佐々木健介との不仲は有名であった。

「家では試合とか、そういう具体的な話はしないんです。でも、ほかの選手の噂話とかは大好きで。一番多かったのは長州さんの悪口（苦笑）。長州さんからは、94年かなあ？　社員も家族も総出のハワイ旅行のとき、こう言われたことがあるんです。『あのさあ、コイツ（橋本）、誕生日いつ？』『7月3日ですけど……』『じゃあ奥さんの前で申し訳ないけど、それまでにコイツ辞めさせせるから』。あまりにも突然で、シヨックで、なんのためにそういうことを言うのかわからなかったですね。ほかの家族もいるのに、失礼な人だなって、そのときは思いました。パパとは本当にソリが合わなかったみたいですね（苦笑）。

健ちゃん（佐々木健介）の悪口も多かったけれど、内容は、『アイツが俺のサングラスを真似した！』とかで。こちらは私からすれば、子供のケンカみたいなもんでしたよ（笑）。

逆に仲がいい人とはとことん仲良しでしたね。橋本が一番喜ぶのは、家に友達を呼んで、自分で料理をふるまう場なんですよ。だから、いろんな人が来てましたね。トレーナーの三澤（威）くん、田山（正雄）レフェリー、でも、群を抜いて多かったのは安田（忠夫）さん。なんなら、パパがいないときでも安田さんはいることがありましたから（笑）。いまどうしちゃったんでしょうね。バンコクから帰国して、警備員の仕事をしている？　よかった、生きていてくれればそれだけで（笑）。

みんなで話すことは、例によって他人の噂話や、それぞれの恋バナとかでしたね。『誰々の女遊びはすごい』とか。90年代だと、●●さんがすごかったみたいですね。試合中、リング上から女の子のお客さんを物色して、試合が終わるとセコンドにその女の子を呼びに行かせるとか（笑）。で、私も実際にその過程を会場で見たことがあって。まあ、ビックリしましたよ。ホントなんだって（笑）」

「毎晩、小川の生爪をはぐ夢を見るんだ」

97年、橋本の人生を一変させる男が現れる。バルセロナオリンピック柔道銀メダリスト、小川直也だ。同年4月12日のデビュー戦（東京ドーム）の相手を務め、一敗地に塗れた橋本は、99年1月4日の東京ドーム大会で、小川から傍若無人なファイトをしかけられる。この試合が〝1・4事変〟と呼ばれるほどの騒動になったのは、猪木が小川に「セメント風の闘いをしろ」と指令したのが真相だが、これに対応できなかった橋本は失墜した。

「最初から、小川さんのことはすごく憎かったみたいです。デビュー戦で負けたときから、『毎晩、小川の生爪をはぐ夢を見るんだ』って言っていたくらいですから。でも、それから先は段々、そういう気持ちが薄れていったみたい。橋本は家で仕事の話をする人じゃなかったし、私は、その潰された事件というのもよくわからないんです。ZERO-ONEが旗揚げしたことだって詳しくは知らなかったんですから。小川さんの件で、家で橋本が驚くほど荒れたとか、そういうこともなかったですし」

翌00年4月7日、同じ小川を相手に、「負けたら即引退マッチ」でも敗れた橋本だが、同年10月9日の東京ドーム大会で藤波辰爾を相手に復帰戦を行い、10月23日には、道場「ZERO 新日本プロレスリング」を公開。ところが、11月13日には藤波社長（当時）の口から、橋本の解雇が発表された。翌01年3月、橋本は自らの団体「ZER

O-ONE」を旗揚げ。宿敵だった小川直也とのタッグ「OH砲」が話題となった。

「新日本解雇の頃から、徐々に、血管や心臓の病に悩まされましたね。新日本の林(雅之)リングドクターが、家に診に来てくれたのを思い出します。当時、よく言っていたのは、『藤波さんは、〝命をかけてお前を守る〟と言ってくれたのに、俺が思ってる感じとは違った』と。ただ、橋本に落ち込みみたいなものはありませんでした。そもそも彼の口から、『死にたい』とか『辞めたい』と聞いたのは、一度だけなんですよ。膝のケガで91年(3月)の東京ドーム大会に出れなかったときだけです。『俺、このままで、膝が治るんだろうか。武藤も蝶野もドームに出てるのに俺だけ……。もう死にたいよ』って。それが最初で最後だったんです。

(鈴木)健三くんも安田さんも変わらずよく家に来てたし。小川さんとも、後年は仲が良くなっていって。それこそ、闘う者同士でしかわからない友情でしょうかね。03年かな、次女がお腹にいるときに、橋本と小川さんと二人で、病院にお見舞いに来てくれたこともありました。ところが橋本も膝をケガしているもんだから、小川さんが病院の車椅子に橋本を乗せて病室まで押して来てくれました。

たしかにZERO-ONE自体の苦労もあったと思います。たとえば『真撃』(ZERO-ONE所属選手が多く参戦した01年の格闘技系興行)を主催したステージアから一銭ももらえなかったり。でも、橋本に悲壮感みたいなものは感じませんでした。橋本の人生が小川戦で狂わされたと言われても、家のなかにいた私にはピンと来ないというのが実情でしたね」

タチの悪い女に引っかかっちゃった

夫唱婦随と思われていた二人だが、05年3月に離婚。いまでは報道によって広く知られていることだが、03年3月に亡くなったプロレスラー、冬木弘道の未亡人、Kさんと橋本の不倫が原因だった。

「最初に、おかしいなと思ったのは、冬木さんの葬儀に私も行こうとしたときです。お腹に次女がいたんで、橋本が、『お葬式に行って、そういう霊的なものが移るとよくないから』と言うんですね。でも橋本は、そういう冠婚葬祭時の礼儀みたいなものをすごく大事にする人だったから、私は、あれ？　おかしいなあ、と。次に異変を感じたのは、橋本と金村ゆきひろさんがやった電流爆破マッチのときです（03年5月5日・「WEW」川崎球場大会）。冬木さんの遺骨を抱いて、被爆したでしょう？　あの瞬間、『これはなにかあるんじゃないか』と、おぼろげに感じ始めたんですね。女の勘ていうヤツかもしれません。

あとは、ETC（高速道路電子料金収受システム）の明細が家に届きますよね。すると、やたらと（Kさんが住む）横浜市の保土ヶ谷に行っている。そこで点が線として繋がったという感じです。私は向こうに電話をかけたんです。『(橋本と関わるのは)やめていただけませんか?』と。そしたら先方も、『悪かったです。ウチも父親を亡くしたばかりでしたから……。そちらのお子さんたちを泣かせないようにしますので』と。

ところが、橋本が、彼女とお世話になっていたZERO-ONEのスポンサーだったXさんと、新しい会社をつくるという話が出てきた。しかも、彼女を社長にするというんですね。私は橋本に怒りましたよ。『あのねえ、どこの世界に夫が不倫相手と会社をつくるのを許すバカがいるのよ!』と。でも、橋本は完全に骨抜きになってしまっていて。それで、私はもう一度、彼女に電話をかけたんです。『あの、新会社の件ですけど、あなたが社長になるのを断ればいいだけですよね?』と。ところが彼女の返答は、1回目にかけたときとまったく違っていて、『私がなりたいんじゃなくて、橋本さんが勝手にやってることなんです』と。しかも橋本には私、こう言われたんです。『毎日のように電話をかけてなじってるらしいな』。……私、彼女に実際電話をしたのは、その2回だけですよ。そのとき、初めて、『ああ、タチの悪い女に引っかかっちゃったんだな』と痛感しましたね」

葬儀場への出入りを禁止された

04年8月31日の岩手での試合を最後に、橋本は右肩の治療のため長期欠場していた。同年11月25日には、多額の負債により、ZERO-ONEの活動停止が発表され、橋本以外の選手は新団体「ZERO1-MAX」に参加し、橋本は孤立。そして、05年7月11日、脳幹出血で橋本真也は急死した。享年40。かずみさんとの離婚が成立してから4カ月後のことだった。そして、横浜の一休庵久保山式場で橋本の葬儀は行われた。

「信じられなかったのは、公表された、亡くなる前日の食事です。カツカレー2杯にソーセージにコカ・コーラって……。彼の病気もあって、私は家では体に悪いものは、極力避けていました。なかでもポテトチップとコカ・コーラは厳禁にしていたんです。家では子供たちにも一切食べさせないくらいでしたから。

斎場につくと、ZERO-ONEに協力的でなかった私との関係が微妙だった中村祥之さんが、私のために駐車スペースを確保してくれていました。でもよかったのはここまででした。橋本の葬儀のはずなのに、スタッフは知らない人ばかり。向こうの女性が用意した人たちでした。そして、私には、なにしに来たというような応対を……。

これは決して私の気のせいじゃなくて。その日の夜、私がスタッフの一人に電話をかけたんです。『今日はありがとうございました』と。そしたら向こうが言うには、『あぁ？　お前の息子（大地）、なんで挨拶もできないんだよ！　お前の家の住所教えてもらっていいか』『なんのためにですか?』『お前の息子を殴りに行くためだよ!』。……その筋の人ではなかったと思いますが、プロレスとはまったく関係のない人でした。先方の女性サイドの関係者でした。

ZERO-ONEで一緒に闘って来た大谷(晋二郎)くんが、最後まで『棺を持たせてほしい』と懇願していたのを思い出します。新日本の方たちもたくさんいらしてたけど、わけがわからなかったんじゃないですか。新日本とZERO-ONEの軋轢なんて、橋本の死に関して全然なかったですし。ただ、先方の女性が、思うように葬儀を取り仕切りろうとしたのが結論です。それは、うん、一言で言えば、葬儀代を安くあげるためというか……。斎場は、久保山の山の上だったんですが、その女性の知り合い関係の斎場だと、あとから知りましたね。

たとえば、斎場の2階に上がったときです。待機場なのに、お茶もお菓子も用意されてなかったんです。人をもてなすのがなにより好きだった橋本がこれを見たら、どんなに悲しむだろうって。橋本ならお寿司でもなんでも出してますよ。●●さんに私が頼んで、お茶と乾き物だけ用意してもらったのを思い出します。葬儀の貧相な話が伝わったのでしょう、ハッスルでお世話になっていたDSEの榊原信行さんが、『こんなの破壊王の葬儀じゃないよ!』って、のちに青山葬儀所で、『プロレス界・プロレスファン合同葬』を開いてくれました(7月30日)。

横浜では、告別式のときこそ、参列は許されましたが、私たちは、基本的に葬儀場への出入りは許されず……。露骨に通せんぼされたことも……。あちら側には、橋本真也の利権で商売しようという狙いがあったんだと思います。

落ち着いたお別れができず、出棺のときには、『なにかパパに入れてあげなきゃ』と、子供たちに、手首につけていたミサンガを入れさせたんです。それも、向こうの人間に見つかると必ずなにか言われるから、決して見られないように、こそっと……。それが、最後の橋本との別れでした（涙ぐむ）」

Kは2016年4月、結婚詐欺での逮捕が報道された。

「もう橋本が亡くなって、13年になりますね。時々思うんです。橋本は、私が天国に行ったら、ちゃんと待っててくれるのかなって。向こうでもいろんな女をはべらせてて、私が行ったら慌ててこう言うんじゃないかしら。『えっ⁉ お前が来るの、今日だったのか！』って（笑）。橋本との生活は、ジェットコースターに乗っているようで大変だったけど、とても幸せでした。

思い出す橋本の笑顔は、猪木さんの真似をしたときのものです。いまでも疲れて家に帰ると、その笑顔を思い出して、笑っちゃうというか、元気をもらうことがあります。猪木さんの真似と、カマキリの真似と、志村けんの『アイーン』の真似、全部一緒だったんですけどね（笑）」

平成プロレス10大事件❺ 橋本×小川〝1・4事変〟と橋本真也の死

死の直前に決まっていた〝橋本vs小橋〟という幻の復帰戦

元『ワールドプロレスリング』実況アナウンサー
現福岡市長

告白

高島宗一郎

取材・文●瑞佐富郎
撮影●山田南星

PROFILE

高島宗一郎 1974年、大分県生まれ。大学卒業後、福岡の KBC九州朝日放送に入社。大のプロレス好きであり、その情熱と行動力で、地方局では異例の『ワールドプロレスリング』のレギュラー実況アナウンサーに抜擢される。2005年7月の橋本真也の葬儀・告別式では司会を務めた。10年11月、福岡市長選挙に出馬し初当選。14年、18年、22年の選挙でいずれも史上最多得票を獲得し再選、現在4期目。地域の代表として、国の行政改革推進会議の構成員等を務める。著書に『福岡市を経営する』(ダイヤモンド社)、『日本を最速で変える方法』(日経BP)、『アヒルちゃんの夢』(エッセンシャル出版社)がある。

『ワールドプロレスリング』(テレビ朝日系)の内容が、通常放送から差し替えになるのは、珍しい。古い記憶では、毎週火曜夜8時の放送時代に、長州力の結婚式を生中継したくらいだろう(1987年5月5日)。今世紀に入り、そんな稀有なケースが起ったのが、2005年7月23日の放送であった。番組の副題は「追悼 破壊王・橋本真也」。同年7月11日に急死した、橋本真也の追悼特番として編成されたのだった。

「この番組で放送された橋本さんの告別式の司会をしているのは、私なんです」。そう語るのは、現福岡市長・高島宗一郎氏。KBC九州朝日放送のアナウンサーだった高島氏は、『ワールドプロレスリング』の実況も担当していた。そして、プロレスファンの間では、「橋本真也の最後のコールをした男」として知られている。告別式の出棺時にコールをしたのが高島氏だった。

あれから13年、橋本と昵懇だったからこそ、「自分のなかで区切りをつけるためにも、明かしたい事実がある」と、高島氏は、快く取材に応じてくれた。

表敬訪問に来た高田延彦に「大嫌いでした」

「子供の頃から大のプロレス好きで、小学生からプロレスごっこをしていました。学校にラジカセを持って行って、入場テーマ曲をかけて、給食袋をふり回しながら入場する(笑)。選手コールは新日本のケロちゃん(田中秀和リングアナ)と、全日本の仲田龍さんのコールを使い分けて真似していたんですよ。初めて買った漫画も、『プロレススーパースター列伝』でしたからね。ですから、後年のプロレスが厳しい時期に登場した『PRIDE』などの総合格闘技に対しては異常なまでにライバル視していました(笑)。

実は17年に『RIZIN』を福岡で開催するにあたって(10月15日・マリンメッセ福岡)、髙田延彦さんが市長表敬訪問に来られたんです。そこで『格闘技がお好きらしいですね』と髙田さんが私に仰ったんですが、私はこう返したんです。『いや、大嫌いでした。でも、いまは受け入れています』と。格闘技ブームに押されてプロレスが一番つらかった00年代前半、福岡ドーム(現・福岡PayPayドーム)、福岡国際センター、博多スターレーンといった会場ばかりか、アクロス福岡と会場がどんどん小さくなり、そんな小さな会場ですら、客が入らない時期がありました。そんな苦しい時期の新日本プロレスを支えてきたという自負が私にはあります。だからRIZINの表敬訪問を受け入れたのは、自分にとって、『新日本も復調してきたし』というふんぎりだったんですね。髙田さんも、この返答にはびっくりされたとは思いますけど(笑)」

小学校の卒業アルバムに、「将来の夢はプロレスの実況アナウンサーになること」と書いた髙島氏。97年、KBCにアナウンサーとして入社すると、その夢が意外と近くにあることに気づく。

「KBCって、『ワールドプロレスリング』のテレビ朝日の系列じゃないかと。小学校時代の夢を叶えるチャンスがいつか来るかもしれない。せめて1回だけでもプロレスの実況をしてみたいと思い、その日のために入社1年目からプロレス関連資料のスクラップを始めたんです」

『九州スポーツ』（東京スポーツの九州版）、『日刊スポーツ』をスクラップし、スカパーのサムライTVを観ては一人で実況練習に勤しむ日々。しかしチャンスが訪れたのは意外に早かった。

「ちょうど新日本の福岡国際センター大会のときに（98年10月24日）、テレビ朝日のアナウンサーが一人来られなくなったという連絡が直前にテレビ朝日の控え室に入ったんですよ。雨で順延になった高校野球を担当しなければならなくなったようで。するとか当時の『ワールドプロレスリング』の栗野プロデューサーが、『お前、実況してみたいとか言ってたよな？ できるのか？ ウラカン・ラナとかわかるのか？』と声をかけてくれたのです。そこで私は準備していたプロレス関係のスクラップノートの山をバッグからドンと出して、『はい、わかります。準備しています』と。初めての実況で、しかも試合開始1時間前の決定なのに、2試合の実況を任せてもらえたんです。田畑祐一アナウンサーが横についてくれました。カードは木戸修&藤田和之vs後藤達俊&木村健悟。これが第1試合で、第2試合が齋藤彰俊vsドクトル・ワグナーJr.。めちゃくちゃ渋いですよね!(笑)」

昔のプロレスラー像そのものの橋本の豪快さ

突然のピンチヒッターを見事にこなした高島氏は、その後、新日本の東京ドーム大会や両国国技館大会があるたびに自費で上京し、KBCの正式な仕事ではないにもかかわらず、休憩前の前半の試合の実況を担当させてもらえるようになっていた。

「転機となったのは、99年のG1決勝の武藤敬司vs中西学戦です。中西が優勝するんだけど、インタビュアーはリング上の勝者しか配置されていませんでした。しかし、私は負けた武藤さんのコメントも同じくらい重要だと思って、独自の判断で『カメラさんこっち!』と言って試合直後の武藤さんにインタビューしたんです。『はぁ、満身創痍』といったコメントが取れたのですが、そのインタビューがよかったということで、その後はレギュラーでインタビュアーも任されるようになり、最終的にはKBCに対してテレビ朝日から正式に実況アナウンサーの依頼が来るようになったんです」

それは、地方局所属では異例の、『ワールドプロレスリング』レギュラー実況アナウンサーの誕生であり、高島氏の小学生の頃の夢が実現した瞬間でもあった。そのプロレス愛を買われた高島氏は、KBCで新日本の福岡大会のパブリシティも兼ねた番組『獣神道場』を担当することに。それが橋本との親交の始まりだった。

「福岡在住の（獣神サンダー・）ライガーさんと、いろいろな企画に挑戦する番組で、いま考えてもかなり冒険的な内容でした。いまでは放送コードに触れそうなギリギリの企画もありましたが（笑）。そのうちの一つが、『太っているプロレスラーは臭いのか？』を検証するという企画でした。そのターゲットが橋本さんだったんです。本当に失礼な番組ですよね（笑）。橋本さんは私に、『バカ、お前、俺はキレイ好きなんだ、匂ってみろ！』と、足とか脇とかを匂わせてくれたんですが、実際、いい匂いがしたんですよ。『俺は1日に何度もシャワー浴びるんだ。太ってるヤツは逆にそういうこと気にするからな！』と。それが橋本選手とガッツリ絡んだ最初だったんです。」

高島氏が橋本の人柄に惚れ込むのに時間はかからなかった。

「リング上では爆殺シューターなのに、リングを降りれば、ひょうきんでフランクでムチャクチャ人間ぽい。一方、『プロレススーパースター列伝』や、子供向けの『プロレス大百科』をすり減るほど読み込んでいた私にとって、橋本さんは本当にかっこよくて、理想通りの怪物レスラーでした。

後年は一緒によく旅行にも行きましたけれど、やっぱり印象深いのは日々の食事ですかね。例えば、九州で大会があると、夜10時頃に『いま熊本だけど、今日これから福岡行くから飯食おう』と電話がかかって来て、深夜までやっている焼肉屋に行くんです。私はお腹いっぱいと言っているのに、一人で『カルビ8人前、ロース8人前』と次々に頼んで、本当に全部一人で食べてしまうんです。私も注文を強要されるので従業員にそっと『ユッケ』と頼むと横から『5人前ね』と（笑）。ちなみにユッケを食べるときは、卵と肉を混ぜずに、お皿ごと一回で全部を口に流し込んじゃう（笑）。また、福岡の豚足は、最後に表面を焼いてポン酢で食べるのですが、橋本さん、それも大好きでね。とてつもない量を一心不乱に食べるんですよ。『1週間なにも食べてないのか』というくらいの勢いで（笑）。

そして、橋本さんは、とにかく人にも食べさせる。『ほら、肉が焦げる！』ってどんどん私の皿に盛るんです。最後は必ず屋台に行って最終的に深夜2時とかになる。もちろん複数人で行くこともよくありましたが、ほかのみんなをタクシーに乗せて、私ももう解放されるかな？ と思ったら、橋本さんは、『お前、まさか自分も帰れると思ってないよな？』と（笑）。毎回、橋本さんの泊まる全日空ホテルまで一緒に歩いて帰ったものです。

で、ホテルに入る直前にも、コンビニで山のように食料を買って、まだこれから食べるの⁉ と（笑）。とにかく一人になりたくないというか、すごく寂しがり屋で。豪快だから、引き止める手段が、『いいからとにかく食え』だったんじゃないかな。

さと繊細さのギャップが、すごくありましたよね。

それから、いつも私に重たいセカンドバッグを預けていました。一度開けたところを見たのですが、現金が札束でドンと入ってて、私としては危なくて持ちたくないですよと（笑）」

橋本の入場シーンに「仕事なんだけど号泣していました」

99年1月4日、アントニオ猪木の指令により、小川直也から暴走ファイトを仕掛けられ、負けを喫した橋本のイメージは失墜。00年4月7日、「負けたら即引退試合」でも小川に敗退した。

「即引退試合は、アナウンサーの一人として、最前列で観ていたんですが、すべてを背負った橋本さんの入場シーンは、仕事なんだけど号泣していました。私にとっての橋本さんのベストバウトは、G1で初優勝した試合ですが（98年8月2日・vs山崎一夫戦）、思い入れからすると、この試合のほうが圧倒的に上でした。

あのときは久々のゴールデン生中継だったんですよ。新日本の中継はいつも深夜枠でしたから、ゴールデンへの復活、そしてプロレス以外の番組でも橋本vs小川戦が注目されて、すごく嬉しかったです。しかし一方で、世間的に注目を集めていたのが王道であるIWGP戦でないことには、プロレスファンとしては葛藤がありました。みんなはプロレスそのものではなくて、橋本vs小川戦がどうなるかだけを観ている。ということは、それが終わったら、プロレス人気はどうなっていくのか……。

試合前、番組の取材で東京ドームの外で、『どっちに勝ってほしいか?』ってインタビューをしたんです。『どっちが勝つか?』じゃないんですよ。当然、〝橋本に勝ってほしい〟声が圧倒的でしたが、試合後にファンがみんなね、ガクッと肩を落として帰るという悲しい光景でした……」

小川戦によって人生を翻弄された橋本。00年11月には新日本を解雇され、翌01年には自らの団体「ZERO-ONE」を旗揚げするも、04年11月には活動停止となる。だが、新日本を離れてもZERO-ONEがなくなっても、橋本と高島氏の交流は続いていた。

「橋本さんが新日本を抜けてから変わったのは、自分がトップになったということ。つまり、自分が先頭に立ってチケットを売らなきゃいけないわけです。やっぱり飲み会とかも、タニマチ的な人たちの場に顔を出すことが増えましたね。でも、決して弱音を吐いたりすることはなかったですね」

棺の中の橋本の目から涙が流れた

05年7月11日の午前10時36分、橋本真也永眠。脳幹出血での急死だった。高島氏が

IMPALA
己創造

闘魂
真世

訃報を聞いたのはプロレス専門誌記者からの携帯電話。仕事を調整して斎場の横浜市久保山に着いたのは橋本の死の翌々日のことだった。

「斎場に入って驚きました。とにかく人がいない。私を入れて5人。これがあの橋本真也のお別れの場なのか、と愕然としました。私は橋本さんに話しかけようと棺のそばに近づいたのですが、なんと心のなかに橋本さんの声が聞こえたんです。『お前来たのか?』って。『来ますよ、なにやってるんすか? 豚足持ってこなくちゃと思ったんですけど、間に合わなかったですよ……』と、二人でそんな会話を交わして20分くらい経ってからでしょうか。さらに不思議なことがあって、死後2日半経っているのに、橋本さんの目から、突然涙がツーッと流れ出したんです。そして、誰もいないのに、入り口の自動ドアが開いたり閉まったりし始めて……」

橋本なりの高島氏への別れの挨拶だったのだろうか。

橋本の告別式が行われたのは、7月16日。高島氏は司会と出棺時のコールを任された。

「橋本さんは、当時、新日本ともZERO-ONEとも距離があったので、葬儀委員長は、橋本さんがZERO-ONEを立ち上げたときのスポンサーだったジャパン・エレベーターサービスの石田克史さんが務めていました。司会とコールのことは、葬儀委員の方から頼まれました。自分では、絶対にそれをやるのはケロちゃんしかいないと思っていたんです。そもそも自分はリングアナじゃないですし……。でも葬儀委員会のなかで、橋本は誰に最後にコールをしてほしいと望んでいるかを話し合った結果だからと言われ、引き受けることにしました。

やるからには知り合いの葬儀社に教えを請うて、通常の告別式の司会の雛形をもとに懸命に準備をしました。最後のコールについても、何センチ、何キロでコールするのがベストなのか必死に考えました。生前、体重が120キロ台に落ちるとキック力が弱ると話していたことを踏まえ、IWGP王者時の、183センチ、135キロにしたのですが、前後のコメントを含めて決めるまで相当悩みましたね」

だが、当日の朝、ある問題が発生する。

「葬儀社の暗い仮眠室で葬儀の司会のシミュレーションをしていたときに、そういえば、出棺のときに流す橋本さんの入場テーマ曲は、誰が用意しているのかな、と気づいたのです。ビッグマッチ用の、あの前奏つきの『爆勝宣言』じゃないと絶対にダメだとも。そもそもあの前奏部は映画『トイズ』の音楽『Welcome To The Pleasuredome』からのもので、映画音楽からさらに編集した音源だったんです。つまり、市販もされていないし、普通には手に入らない音源だったんです。果たしてこの慌ただしいなか、葬儀委員の誰かが新日本やZERO-ONE経由で音源を確保するだけ気が回っているのかどうか。

斎場の音響担当の方が到着するのを早朝からいまかいまかと待ち、その日に使うCDを聞かせてもらったら、一番恐れていた事態。あの壮大な前奏もないどころか、キーボードでチープにカバーしたバージョンの『爆勝宣言』だったんです。今日は橋本真也の一番の、そして、人生最後のビッグマッチ。それをこんな音で花道を歩ませるわけには絶対にいかないと。それで私は急いで『ワールドプロレスリング』の音響効果担当の登澤（三広）さんに電話をしました。すると登澤さんも、『実は自分も橋本の棺に入れてあげようと思って、ビッグマッチバージョンの『爆勝宣言』をCDに焼いていたんだ。棺に入れてあげたい。ただ、仕事の都合で出棺には間に合わないかもしれない』と。

もうそこからはてんやわんやで。私は霊柩車の運転手さんにお願いしました。『いいですか運転手さん、CDが2種類あるんです。いまお渡しししているCDの曲のままなら、大体7秒くらいでホーンを鳴らしてほしい。でもね、本当に使いたい音源のCDは、いまこの斎場に向かっていて、もし出棺に間に合ったら、前奏が20数秒あるので、ホーンはその7秒後のこのタイミングで鳴らしてください』というのを一生懸命、曲を口で表現しながら説明しました。とにかく入場シーンはプロレスにとって極めて重要。橋本さんの最後のコールだから、完璧に送り出さなきゃいけないと必死でした。

そうしたらギリギリで登澤さんが間に合って、葬儀では本人がポン出し（再生ボタンを押す）をしたんです。東京ドームで何度も『爆勝宣言』をポン出しした登澤さんに最後の送り出しをしていただけました。『最後、手が震えていた。涙を流しながらだったから』って……。

私が、橋本さんにこれだけはしてあげられたと胸を張って言えることは、出棺時の花道を整えられたこと。『ありがとう、破壊王。ありがとう、橋本真也。１８３センチ・１３５キロ、破壊王・橋本真也〜!!』のコールと、あのビッグマッチ用の『爆勝宣言』、そして霊柩車のホーンと、車が動き出すタイミング。橋本さんなら絶対あのタイミングで花道へ歩み出すだろうと確信していたからです」

橋本の息子・大地との「空白の8年」

橋本の息子、大地と初めて会ったのも葬儀の場だったという。

「大地は当時、中学1年生で、葬儀の朝、私は初めて挨拶をしたんです。『こんにちは、自分は福岡でアナウンサーをしているんだけどね、お父さんと仲良くしていて、今日お葬式の司会をするんだよ』と。

喪服の大地は、ネクタイの結び方がわからないようで、私が大地に黒いネクタイを結んであげました。橋本さんも中１の大地にそこまでの教育はしていなかったんでしよう。だから私が言ってあげたんです。『大地くん、今日会った私のことなんて多分、絶対に覚えていないと思うけれど、お父さんの代わりに、私がネクタイの結び方を教えるよ。ネクタイの剣、この細くなってる部分。これは、ベルトのバックルのところ、ちょうどここに被る場所に位置させるんだ。これが短すぎても長すぎても絶対にダメ。ちゃんとした社会人になるうえで、ネクタイの剣の位置だけは覚えておいて』と。大地は、『わかりました』と返事をしました。

私はその後、大地がプロレスデビューするというニュースを見たとき、もちろん感慨もひとしおだったのですが、あえて、自分はその話題から避けていたんです。橋本さんの葬儀にまつわるネガティブな話もありましたし、気持ちの整理もできていなくて。

そして時は流れ、大地との出会いから8年後、13年2月20日、東京で行われた猪木会長の古稀を祝う会に、発起人の一人として出席したときのことです。私はすでにアナウンサーを辞めて福岡市長をしていました。見覚えある女性がいるなと思ったら、それが橋本さんの奥さんだったかずみさんで、『あっ!』と驚いた瞬間、隣にいた大地の姿が目に飛び込んできました。8年ぶりに会う大地、しかも、デビュー以降の彼の活躍をあえて目にしないようにしていたこともあって、私は少し動揺しました。そうしたら、頭の中に、また橋本さんの声が響いたんです。『いいよ、そんなの』って。

『そんな小さなこと、どうでもいいよ』みたいな。それで、ああそうなんだと思って、私から大地に話しかけたんです。『あなたにネクタイの結び方を教えたことがあるんだよ』って。そしたら、それまで『誰だろう？』という感じできょとんとしていた大地が、『覚えてますよ。ネクタイ、ここの位置ですよね！』って。向こうから言ってくれたんですよ。本当に嬉しかったです……」

復活の「時は来た！」――その瞬間に迎えた橋本の死

高島氏が今回取材を受けた一番の理由は、橋本に関して、どこにも話していない、どうしても伝えておきたいことがあるからだという。高島氏にとって、憧れのレスラーであり、親友とも言える間柄であった橋本について、どんな話をしてくれるのか。

「あの亡くなった日というのは、実はすべてをコンプリートした橋本さんの再出発の特別な日だったということをお話ししたかった。決して橋本さんは、仲間が離れ、肩を壊し、路頭に迷うなかで寂しく亡くなったわけではないということを知ってほしかったのです。自分のなかで区切りをつけるためにも。

05年7月11日の亡くなられた日、その日はすべてが解決して、リスタートする日だったんです。橋本さんは、復帰に向けて負傷した肩の調整をしていました。そんななか、亡くなる前日ですが、『いま新しい道場に来てて、明日契約しようと思う』と電話で報告してくれたんです。団体としてではなく、まずは個人のプロモーション的な感じでリングに復帰するというプランを描いていました。私にも『放送局を辞めて一緒にやろうよ』と度々誘いの声をかけてくれていました。

道場の場所決め以外にも、橋本さんはアクティブに活動していました。肩の治療はもちろんですが、プラス、復活の狼煙《のろし》を上げるために復帰戦の相手はどうするか、そして、資金繰りはどうするかについてです。

実は橋本さんは、三沢光晴さんとも会っていたんです。なぜかというと、橋本さんは、冬木弘道さんが亡くなったあとに、冬木さんの奥さんだったKさんと付き合っていたのですが、冬木さんの親友だった三沢さんは、それにすごく怒っていた。だから橋本さんは三沢さんに直接会って、しっかり話をして、三沢さんから『わかった』と、その許しをもらっていたんです。そして、三沢さんと話をするなかで、橋本さんの復帰戦の相手も決まっていたんです。

その対戦相手とは……、あの、小橋建太さんです。破壊王・橋本vs鉄人・小橋戦……。橋本さんの復活を飾るのにこれ以上ないビッグカードでしょう。

道場が決まった、Kさんとのことも三沢さんに許してもらった、そして対戦相手も小橋さんで決まった、となると最後は資金繰りです。

実は、この問題もクリアしていました。ライブドアが橋本さんにお金を出してくれることになっていたんです。その承認を受けるためのライブドアの役員会が7月11日の午前中に行われることになっていたと聞いています。まさに、橋本さんが亡くなった、その日にです。

だから、世間のイメージとは違うんです。橋本さんはボロボロになって、そのまま死んでいったわけじゃない。橋本さんは復帰して、もう一回プロレス界を盛り上げようと思っていて、それで道場も対戦相手も、お金もプライベートも、『破壊王復活！』の舞台に向けて全部整理をつけたんです。でも、すべての環境が完璧に整った瞬間に橋本さんは息を引き取ってしまった……。

以上が、私がお話できるすべてです。橋本さんは決して枯れていって死んだわけじゃない、死ぬ間際まで、破壊王・橋本真也らしく、前に向かって突き進んでいたんだということを、友人の一人として、強く伝え残させていただければと思っています」

平成プロレス10大事件⑤

橋本×小川〝1・4事変〟と橋本真也の死

猪木から事前に出ていた「小川を守れ」という司令

告白 ジェラルド・ゴルドー

取材・文●堀江ガンツ
撮影●遠藤文康

PROFILE

ジェラルド・ゴルドー　じぇらるど・ごるどー●1959年、オランダ生まれ。極真空手の世界大会で活躍したのち、88年8月、第二次UWFで前田日明と異種格闘技戦を闘う。リングス、K-1などにも参戦。93年11月にはUFCの第1回大会に参戦し、決勝でホイス・グレイシーに敗れるも準優勝。プロレスのリングでは、新日本プロレス、UFO、ZERO-ONEで活躍し、アントニオ猪木の引退カウントダウンの相手も務めた（95年）。

いま思えば、この事件こそが新日本プロレス暗黒時代の始まりだったのだろう。

1999年1月4日、東京ドーム。「新日本vsUFO3番勝負」の大将戦として行われた橋本真也vs小川直也戦で、橋本は小川の〝セメント暴走〟により、マウントパンチや顔面キックで一方的になぶり殺し状態にされてしまう。試合結果こそノーコンテストだったが、観客の印象に残ったのは、〝新日本の強さの象徴〟と呼ばれながら潰された橋本の無残な姿と、我がもの顔でリングを支配し、「新日本プロレスファンのみなさん、目を覚ましてください！」とマイクで叫んだ、小川直也のギラつく目の恐ろしさだった。

この一戦から、新日本の最強伝説は瓦解し始め、強さのイメージが小川やPRIDEといった総合格闘技に取って代わられたことで、新日本は凋落していくこととなる。

なぜ、小川直也は当時なんの因縁もない橋本真也に対して、シュートを仕掛けたのか。

新日本幹部と権力闘争中だったUFO総帥のアントニオ猪木が、UFO及び自身の影響力増大のためにシュート司令を出したとする〝猪木黒幕説〟や、言うことを聞かない橋本に対して、当時の新日本の権力者である長州力と永島勝司取締役が画策した〝制裁説〟など諸説ある。

すでに橋本は鬼籍に入り、小川、猪木、長州といった、当事者にあたる人間たちも、この件に関して詳しく語ることは、今後もおそらくないだろう。

そんななかで、あの現場にいた当事者の一人である、ジェラルド・ゴルドーに話を聞くことができた。〝1・4事変〟で小川直也のセコンドにつき、用心棒として新日本のレスラーたちの前に立ちはだかったゴルドーの目に、あの日の出来事はどのように映っていたのか。

フリーファイトはリング上ではなくストリートでやるもの

「なんでも聞いてくれよ。日本は俺の心のふるさとだからな。極真空手の世界大会に出場するために初めて日本に来て以来、俺が〝思い出〟と呼べるようなことがあった土地は日本だけだよ」

〝死神〟と呼ばれるゴルドーだが、リングを降りれば、冷たい眼光の鋭さはあるものの物静かな男だ。もともと極真の空手家であり、自宅には鎧兜や日本人形、掛け軸などを飾る親日家でもある。

初来日は87年。極真空手の第4回世界大会に出場し、4回戦で増田章に敗れたものの、優勝候補相手に判定まで持ち込むほどの健闘ぶりで名をあげている。

そんなゴルドーが日本で有名になるきっかけとなったのは、88年8月13日、有明コロシアムで行われた第二次UWF初のビッグマッチ「真夏の格闘技戦」での、UWFのエース前田日明との異種格闘技戦だ。

「マエダとの試合は、自分にとっても思い出深い。あの試合で、異種格闘技的な試合に目覚めたし、その後の俺のファイトスタイルをつくるきっかけにもなってくれたからな。なぜ、あの試合を俺がやることになったかと言うと、あの頃、UWFはオランダのキックボクサーを招聘して、マエダと闘わせようとしていたようなんだが、当時ミックスドファイトを喜んでやるキックボクサーなんかいなかったんだよ。もちろん、俺も打撃の試合しかやったことがなかったし、フリーファイトなんてもんは、リング上ではなくストリートでやるもんだと思っていた（笑）。それでも、なぜ俺があの試合を受けたかというと、〝極真魂〟を持っているからだよ。極真魂を持っていれば、どんなスタイルであっても、心で負けることはないからな」

この前田戦で、ゴルドーは4ラウンド、裏アキレス腱固めで敗れたが、ある意味でこの試合が、プロレスに目覚めるきっかけにもなったようだ。

「マエダとやるまで、俺はプロレスといえばハルク・ホーガンぐらいしか知らなかったから、正直、『あんなもの、誰でもできるだろう』とバカにしていたんだ。だが、実際にやってみて、それが間違いだと気づいたよ。俺はこれまでいろんなスタイルで闘ってきたが、振り返ってみれば、一番難しかったのがUWFだったと思う。なにが難しかったのか言葉では言い表しにくいが、極端に言えば、俺がやっていた極真は相手をケガさせればよかった。でも、UWFはその逆で、相手にケガをさせてはいけなくて、それでいながらトータル的な技術も必要だし、なにより頭を使う。簡単にできるもんじゃないよ。だから俺は、UWFで闘った経験があるからこそ、プロレスをリスペクトできるんだ」

このUWFでの経験が、のちのアントニオ猪木戦（95年1月4日・東京ドーム）や、UFO参戦に繋がるのだろう。

前田戦のあと、ゴルドーは91年10月に当時注目を集めつつあった正道会館の「カラテワールドカップ」に出場し、佐竹雅昭と空手ルールで対戦。延長の末、試し割り判定でゴルドーは勝利するが、実は割れなかった瓦を足で踏みつけて割った説もある〝灰色の勝利〟であり、のちの〝死神〟ゴルドーの片鱗を覗かせている。

そしてゴルドーが本領を発揮し始めるのは、91年にリングスに参戦して以降。まず、12月の初参戦でゴルドーは、首に爆弾を抱える長井満也を容赦なくスタンドのギロチンチョークで絞め落としTKO勝利。続く92年1月に佐竹とリングスルールで再戦すると、ブレイクの最中にローキックを入れてきた佐竹に対し、素手の顔面パンチの嵐でボコボコにして反則負け。ついに、その狂気を表に出し始めた。

そして93年11月12日、アメリカ・コロラド州デンバーで、ケンカ屋ゴルドーにうってつけの大会が初めて開催される。アルティメット・ファイティング・チャンピオンシップ、第1回UFCである。

目潰しと噛みつき以外の攻撃はすべて認められる究極の大会で、ゴルドーはその狂気を全開にする。1回戦では元力士のテイラー・トゥリの顔面に躊躇なくサッカーボールキックを叩き込み、戦意喪失し座り込んだ相手の顔面を素手で殴りつける残忍さで勝利する。ゴルドーはこの試合で拳を骨折し、決勝ではホイス・グレイシーにチョークスリーパーで敗れるが、その直前にホイスの腕に噛みつくなど、最低限のルールすら平気で破るダーティファイトを見せつけた。

そして95年4月20日の「バーリ・トゥード・ジャパン・オープン95」で、中井祐樹に反則のサミングを仕掛けるなどして失明に追い込み、その悪名は極まったのだ。

猪木から「小川になにかあったときに守ってくれ」

そんなゴルドーの狂気に目をつけたのが、アントニオ猪木だ。猪木はゴルドーの狂乱ファイトにかつてのタイガー・ジェット・シンを、不気味な冷たい雰囲気にローラン・ボックを見たのか、95年1月4日に東京ドームで行われた、「INOKI FINAL COUNT DOWN」第3戦の相手に抜擢したのだ。

そのときのことをゴルドーはこう語る。

「UFCに出場してしばらくしたあと、ニュージャパンプロレスリングからオファーが来たんだよ。俺はUWFでのプロレス経験はあったが、トラディショナルなプロレスは初めてだった。その初めての相手が尊敬するミスター・イノキだったことは実に光栄なことだったし、いい経験になると思ったんだ。ただ、やってみた感想を言えば、トラディショナルなプロレスは俺には向いてないなということだ。俺のイメージ的にも合わなかったんじゃないかと思うしな」

4人参加の「格闘技トーナメント」1回戦として行われた猪木vsゴルドーは、6分37秒、猪木がチョークスリーパーで勝利したが、内容的には不完全燃焼に終わった。51歳の猪木に、もはやゴルドーの攻撃を受け切る力はなかったのだ。

それでも、この一戦があったことで、98年に猪木が旗揚げした「世界格闘技連盟UFO」に、ゴルドーは旗揚げ戦から参戦。そしてUFOの一員として、運命の〝1・4〟を迎えるのだ。

橋本戦における小川の入場時、セコンドにゴルドーの姿があったことに、まず違和感を感じたファンもいたことだろう。なぜなら、小川とゴルドーは、1・4のわずか5日前、98年12月30日のUFO大阪城ホール大会で対戦したばかりだったからだ。

UFO内での対立の図式を崩してでも、小川のセコンドに付いた経緯をゴルドーはこう語る。

「尊敬するミスター・イノキに頼まれたからだよ。『小川になにかあったときに守ってくれ』とね。個人的にはオガワのためにならないから、俺がセコンドに付かないほうがいいと思ったんだ。オガワはもっと修羅場を経験したほうがいい。あいつはまだまだヤングボーイだからな」

やはり、事前に猪木からの〝司令〟が出ていたのだ。では、あの一戦でなにが起こるのかも、ゴルドーはわかっていたのだろうか？

「いや、『小川を守ってくれ』と言われただけで、具体的な話はなにもなかったよ。試合でなにが起こるのかもまったくわからなかったが、控え室に入った瞬間、なにかおかしい空気に気づいた。だから俺は、ネックレスと腕時計を外してオガワのセコンドについた。『今日は絶対になにか起こるな』というニオイがしたんだ。俺は小さい頃からストリートキッドとして生きてきた男だ。生きていくために必要なことはすべてストリートで覚えたんだよ。その俺が〝おかしい〟と感じたのだから、なにが起こっても不思議はない。

そして試合が始まり、オガワがハシモトを痛めつけると、ニュージャパンのセコンド連中が騒ぎ始めた。そこでミスター・イノキが頼んできた意味がわかったんだ。俺は何かを頼まれたら、イエスかノーか、はっきり言うんだ。そしてイエスと言ったら、必ず最後までやり通す男なんだよ。だからニュージャパンの若手が暴れ始めたときも、俺は俺の仕事をするだけだった」

長州力だけは許せない

橋本vs小川戦は結局、小川が一方的に橋本を蹂躙したあと、セコンド同士が乱闘を始め、それが合図かのようにゴングが打ち鳴らされ、6分58秒、無効試合とアナウンスされた。

すると新日本のセコンド陣が一気にリングになだれ込み、村上和成や4代目タイガーマスクら、UFOセコンド陣に殴る蹴るの暴行を始める。村上などは、集団リンチのようなかたちで踏みつけられ、一時はいびきをかいて昏倒するなど、一歩間違えば大事故になるような危険な状態にあった。

そんななかでも、〝実行犯〟小川直也が無傷だったのは、もちろん用心棒であるゴルドーが立ちはだかっていたからだ。

「誰かが動いた瞬間に、ストリートファイトモードに切り換えたよ。まあ、ニュージャパンの若い連中が、次々とリングに上がってきて暴れたが、それは別に悪いことじゃない。ただ、一人だけ許せないヤツがいたんだ。ニュージャパンのボス、チョーシュー（長州力）だよ」

現場監督である長州は、無効試合の裁定が下り、新日本とUFOの乱闘が起こってしばらくしてからリングイン。まっすぐ、小川の前まで歩を進めると、「これがお前のやり方か？　これがお前のやり方かと聞いてるんだ！」と、詰め寄った。

「あいつの過ちは、ニュージャパンのボスらしくないことをやってしまったことだ。トラブルが起き、乱闘になったあと、あいつがリングに上がってきて若い選手は一瞬引いたんだ。あいつはボスだろう？　その場を収めるのが役割じゃないのか？　ところが、また余計な混乱を招いた。観客の前だからカッコつけやがって。そしてあいつは『●●●●！』と、俺に言ってはいけないことを言ったんだ。俺を誰だと思ってるんだ？　ジェラルド・ゴルドーだぞ！　俺にあんなことを言うヤツは誰であろうと許さない。まあ、根に持っているわけではないが、あいつの行動が間違いだったことをいつかリング上で教えてやってもいいよ」

長州は小川に詰め寄ったあと、パンチを一発お見舞いしたが、なぜか小川はそれを相手にせず、お役目御免とばかりにリングを降り、ゴルドーとともに控え室へと戻っていった。そして前述のとおり、残されたＵＦＯセコンド勢が、数に勝る新日本勢からリンチのような目に遭い、後味が悪いまま終わったのだ。

「試合後のオガワの様子については、俺は控え室の前に立っていたからよく知らない。あんなことがあったあとだったから、ニュージャパンの連中が控え室に乗り込んでくるかもしれないだろう？　だから俺は鉄パイプを持って、控え室の前で入ってくるヤツを一人ひとりチェックしていたんだ。結局、誰も乗り込んでこなかったけどな。あの試合後、ミスター・イノキとはまったく話していない。俺の役目は終わったからな。任務を終えたあとに、依頼人と話すことなどなにもないよ」

以上が、ゴルドーの見た〝1・4事変〟だ。

のちに、橋本と小川が盟友関係になったのと同じように、ゴルドーもZERO-ONEや「真撃」など、橋本の団体の常連選手となる。当事者同士にはなんの恨みもないなかで、あの日、たしかになにかが起こっていたのだ。

平成プロレス10大事件❻
〈平成11年〉

ジャイアント馬場逝去と
全日本分裂

平成プロレス10大事件❻ ジャイアント馬場逝去と全日本分裂

「親より長く一緒にいた馬場さんを裏切れない」

告白 川田利明

取材・文●金崎将敬
撮影●山田南星

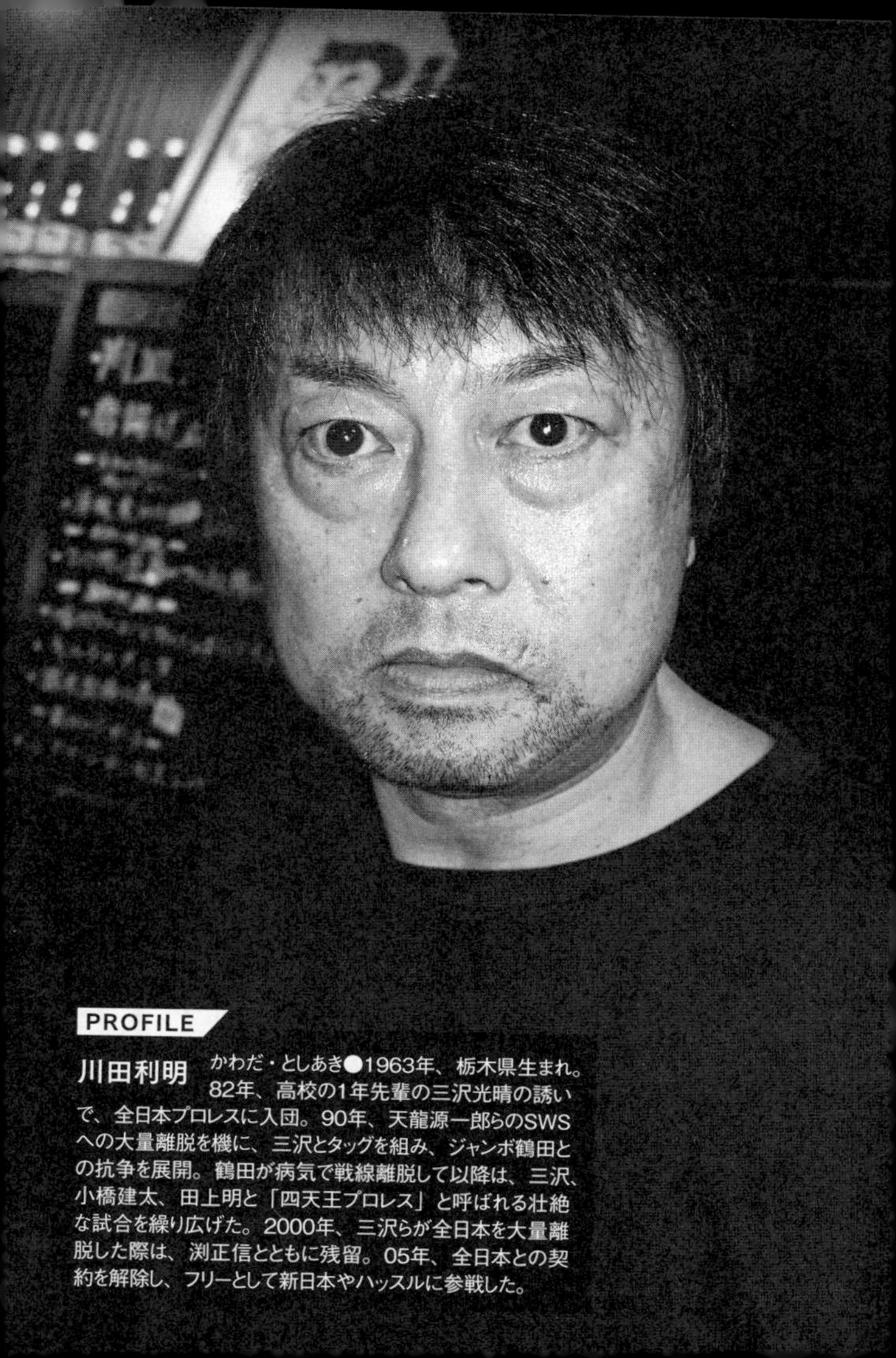

PROFILE

川田利明 かわだ・としあき●1963年、栃木県生まれ。82年、高校の1年先輩の三沢光晴の誘いで、全日本プロレスに入団。90年、天龍源一郎らのSWSへの大量離脱を機に、三沢とタッグを組み、ジャンボ鶴田との抗争を展開。鶴田が病気で戦線離脱して以降は、三沢、小橋建太、田上明と「四天王プロレス」と呼ばれる壮絶な試合を繰り広げた。2000年、三沢らが全日本を大量離脱した際は、渕正信とともに残留。05年、全日本との契約を解除し、フリーとして新日本やハッスルに参戦した。

日本だけでなく、世界のマット界にその名を轟《とどろ》かせた不世出のレスラー、ジャイアント馬場。1972年に全日本プロレスを旗揚げ、エースとしてだけでなく、団体を経営するプロモーターとしても活躍した。その比類のないキャラクターは、タレントとしても愛され、CMやバラエティ番組などへの出演で圧倒的な知名度を獲得していった。

馬場が率いた全日本は、「明るく・楽しく・激しいプロレス」を標榜し、大型外国人選手によるド迫力ファイトや、苛烈な「四天王プロレス」、さらに「ファミリー軍団」(馬場、ラッシャー木村、百田光雄ら)と「悪役商会」(永源遙、大熊元司、渕正信ら)によるコミカルな試合まで内包し、そのスタイルはいつしか「王道プロレス」と呼ばれるようになった。

馬場自身も60歳を超えても現役レスラーとして試合に出場し続けていたが、99年1月31日、大腸ガンの転移による肝不全により逝去する。この突然の訃報は、プロレス業界だけでなく、テレビや新聞などの一般メディアでも大きく取り上げられることとなった。

ジャイアント馬場という巨星を失ったことで、全日本、そしてプロレス界全体は大きな変化にさらされていく。この〝地殻変動〟を至近距離でみつめることとなった川田利明にその一部始終を語ってもらった。

元子さんから「隠しててゴメンなさい」

「僕は馬場さんが重い病気であることすら知らされていませんでした。なので、亡くなったと聞いても、そのときはなにも考えられなかったですね……」

90年春、SWS旗揚げに伴う大量離脱により、全日本は選手の世代交代を余儀なくされる。新たな主役に踊り出た三沢光晴、川田利明、小橋建太、田上明が展開した高度な受け身技術によって危険技を応酬する試合スタイルは、やがて「四天王プロレス」と呼ばれ、熱狂的なファンを生み出していった。地方巡業も活性化され、年6回開催される日本武道館大会も満員御礼。全日本は団体史上最高ともいえる人気と売上げを獲得していた。

ジャイアント馬場が死去する前年の98年5月1日には、団体初となる東京ドーム興行を開催。この記念すべき大会のメインイベントでは王者・三沢光晴に川田利明が挑む三冠ヘビー級選手権試合が行われ、川田は三沢からシングル初勝利を果たし、第18代王者となった。まさに全日本の絶頂期のように映るが、川田たちの心境は違っていたようだ。

「いや、もう人気のピークは過ぎていましたね。僕たちの体もボロボロになってきてたし、お客さんの数も減り始めていたと思います」

四天王プロレスの激しい試合スタイルは選手の肉体を蝕み、マンネリを打破するためにさらにエスカレートしていくしかなかった。98年12月5日、日本武道館で「世界最強タッグ決定リーグ最終戦」が開催。ジャイアント馬場は、直前まで風邪で欠場とされていた。しかし、「休むと引退だと騒がれる」という理由で、この大会に出場。結果として、これがジャイアント馬場最後の試合となる。

明けて99年。新日本プロレスによる恒例の1・4東京ドーム大会では、橋本真也vs小川直也による不穏試合、いわゆる「1・4事変」が起こっており、プロレス界は年明け早々から大きなうねりが巻き起こっていた。全日本は新春ジャイアントシリーズを開催するが、馬場は欠場。最終戦の1月22日には大阪府立体育会館で三沢vs川田の三冠ヘビー級選手権試合が行われ、この試合で川田は右尺骨を骨折、全治3カ月の診断が下された。そしてシリーズの谷間、1月31日にジャイアント馬場の訃報が伝えられることになる。

「第一報を誰から聞いたのかは覚えてないですね……。何度も言いますけど、僕たちには馬場さんが重い病気だったとも、ましてガンだったということも知らされていなかった。亡くなったあと、病院にあった遺体を、当時馬場さんの付き人をしていた志賀賢太郎や本田多聞がマンションの部屋まで運んだということは聞きました」

夫人である元子さんの意向により、馬場の病状などは、関係者に一切知らされていなかった。馬場の最期を看取ったのは、元子さん、馬場の実姉と姪、そして馬場と行動をともにしていた和田京平レフェリーとリングアナウンサーの仲田龍の5人だけであったという。仮通夜はその日のうちに行われ、99年2月2日に東京・渋谷区の自宅で密葬、その後、桐ヶ谷斎場で荼毘に付された。

「亡くなったあと馬場さんのマンションに伺ったとき、元子さんから『隠しててゴメンなさい』と言われましたね。馬場さんは常に病院での検査を欠かさなかったし、健康には人一倍気をつけている印象があったので、そこまでしてもガンというものは発見することも治すこともできないんだなって思いました。ただ、入院される前のシリーズで、馬場さんはずっと『背中が痛い』って言ってて、泉田（純）に揉んでもらったりしていたんですよ。背中が痛いっていうのは、やっぱりガンが転移していたからなのかなって、あとから思ったりしましたね」

馬場は健康管理だけでなく、普段の食生活にも気を配っていたという。

「いつもホテルのレストランで高級なものを食べていました。でも、ハマるとジャンクなものでも、そればかり食べることがありましたね。馬場さんがたまたまマクドナルドのフィレオフィッシュを食べたことがあって、『世の中にこんなに美味いものがあるのか』って感動したみたいです。それから毎日のように巡業バスでマクドナルドに寄ってフィレオフィッシュを買うって時期がありましたね。あとは、いきなり焼肉にハマって、巡業の先々で若手を連れて連日食べに行っていた時期もありました」

三沢との意見の相違

現場にはジャイアント馬場死去による大きな混乱はなく、決められた大会スケジュールを消化していった。99年4月17日には日本武道館でジャイアント馬場のファン葬が催され、2万8000人が参列。献花台となったリングには花束が積み上がった。5月2日に開催された全日本の2回目の東京ドーム大会はジャイアント馬場の「引退」記念興行として開催され、10カウントゴングなどのセレモニーが執り行われた。

この大会の第8試合で川田は馳浩を相手に復帰戦を行っている。

「まだ骨折は完治してなかったんですけど、無理やり出ましたね。本来ならちゃんと手術して、ボルトを入れたりするんですけど、馬場さんの記念興行に間に合わなくなるので、手術はやめました。それでギプスで固めてしまってたので、ちゃんと治すことができなくて。いまだに骨が曲がっていますし、腕もしっかりと伸びなくなってしまって、私生活にも影響が出ています」

そしてこの時期、全日本プロレスリング株式会社の役員人事が行われ、第四代の代表取締役社長として三沢光晴が就任する。取締役副社長には、百田光雄とともに川田利明が任命された。

「自分は、こういう役職のある立場が嫌いで、本当にやりたくなかったんです。でも断るわけにもいかないし、仕方ないな、という感じでしたね。役員手当はちょっと付

くようになりましたけど、そんなことよりもレスラーに専念したいというのが本音でした」

新生・全日本は三沢社長指揮のもと、ジャイアント馬場が敷いたレールの上に新たな風を吹き込んでいくことになる。

「僕と違って三沢さんは社長をやりたかったんだと思います。馬場さんが亡くなる前から、『全日本を変えたい』って、ずっと言ってましたから」

三沢は、馬場に対してマッチメイク権を委譲することなどを申し立てた要望書を提出し、馬場の生前から全日本の実権を握っていた。

「90年代末ぐらいから、三沢さん、それに仲田龍さんがマッチメイクを手がけるようになっていました。そこに小橋も加わってたのかな。たしかに僕も全日本に改革は必要だと思ってましたけど、三沢さんとは意見が食い違うこともありましたね。言い争ったりするようなことはなかったですけど」

エースが断行した「三沢革命」。しかし、川田にとってはしっくりいかないこともあったという。

「三沢さんは、よく僕に対して『地方の興行でも手を抜くな』って言ってました。でも僕は手を抜いてるんじゃなくて、その地方のお客さんに合った試合をしましょうよ、っていう考えだったんです。後楽園や武道館レベルのハードな試合を1年に1回しか巡業しないような地方でやっても、難しいし、お客さんも疲れちゃうじゃないですか。そうじゃなくて、もっとわかりやすい試合を見せるべきだと思ったんです。その当時、新日本の地方興行は、メインのタッグマッチでも、結果を見ると5分くらいで終わるような試合が多かったんですよ。でも、猪木さんの延髄斬りが見れた、長州さんのリアットが見れたっていうだけで、お客さんは満足して帰るんです。そういう見せ方を取り入れればいいのに、地方でもガンガンやれっていう。それでみんな体を壊していくし、休むこともできないから、ケガも治らないでどんどん悪化していっちゃうんです」

川田は、「四天王プロレス」で体を酷使しながらも、新日本の動向に気を配っていた。

「新日本はいろいろな企画を仕掛けるじゃないですか。それがうまくいかないときもあって、お客さんが怒って座布団投げたりするんですけど、次もなにか起こるかも、と思ってまた来てくれるんですよ。それだけ話題性というのは興行において大切だと思っていました。僕たちが、あれだけ体を壊し合って試合をしても、伝わるのはそこに観に来てくれたお客さんだけ。それ以外の人に届けるには工夫が必要ですよね」

元子夫人の〝内政干渉〟に三沢が反発

ジャイアント馬場は、過剰な演出やスキャンダルを嫌い、マイクアピールなども控えるよう指導していた。あくまで試合内容がすべて、という考え方だ。

「ゲーリー・オブライトが初めて全日本に来たときも、いきなり僕と試合をすればいいんじゃないかなって思うんですよ。でも、まずシリーズに出して巡業して、最終戦でやっと試合が組まれる。やっぱりインパクトという点では、いきなりやったほうが盛り上がるじゃないですか。あと、オブライトは試合前の練習で井上雅央のことを投げて、ケガをさせてしまったことがあったんですよ。これを会社は隠したんです。これは違くないですか？　ケガしたことはたしかに事故ですけど、オブライトの実力をアピールするためには、その事実を隠すんじゃなくて、活かすべきですよね」

96年9月11日、UWFインターナショナルの神宮球場大会に川田が参戦。高山善廣と激闘を繰り広げ、大きな話題となったことがある。その後、高山は全日本に参戦するようになり、99年5月、全日本に正式入団を果たした。その直後の7月17日、後楽園ホール大会で、川田と高山のシングルマッチが組まれた。この試合中に川田は高山の顔面にキックを浴びせ、高山は失神KOされてしまう。一部のプロレスファンの間では、この試合をレフェリングしていた和田京平がジャイアント馬場の墓前で、「自分の配慮が足りないばかりにこのような事態（高山の失神KO）を引き起こしてしまった」と涙ながらに語ったとされ、その様子を見ていた馬場元子さんが、これをきっかけとして全日本の内情に口をはさむようになったといわれている。

「そんな話は初めて聞きましたね。たしかに高山との試合は全日本らしくなかったかもしれないですが、この前にもガンガンやった試合もありましたし（97年10月21日、日本武道館で行われた高山と川田の2度目のシングル戦）。あの頃の高山はまだUインターの雰囲気がありましたから、彼らしい色を試合で出させたかっただけなんですけどね」

この試合が原因かは定かではないが、元子さんが試合内容や興行について意見することが多くなり、三沢との間にすきま風が吹き始めていたことは事実のようだ。

「ノア」には誰からも誘われていない

そしてジャイアント馬場の死から約1年半後の00年6月13日、三沢は全日本を退団。練習生を含むレスラー26人を引き連れ、新団体「プロレスリング・ノア」を旗揚げする。それまで全日本の中継をしていた日本テレビもあっさりと契約を打ち切り、新たにノアの中継を行うことになった。

全日本に残留したのは、川田、渕、太陽ケア（マウナケア・モスマン）、そしてスポット参戦をしていた馳の4名だけとなった。

「実際に僕は誰からも誘われてないです。でも誘われていたとしても、ノアに行くことはなかったと思います。18歳のときから全日本で馬場さんのお世話になってきたし、メシを食わせてもらってきた。高校生のときにレスリングで寮に入ったので、親と一緒にいたのは15歳までなんですよ。なので、馬場さんとは親より長く一緒にいた。そんな人を裏切ることはできないじゃないですか。それに、SWSの大量離脱を経験しているので、ああいうことはしてはいけないと思っていた。三沢さんだって、あのときは移っていった人たちを憎んでいたはずですよ。それなのに自分がそういうことをするのか、と心底思いましたね」

川田が残留したことに対し、当時のマスコミは川田とほかの選手間の確執が原因なのではと報じたが、実際には選手同士で話し合うことすらなく、諍いなどは起こっていなかったという。

「この前、田上(明)に会ってきたんですけど、『なんでお前はノアに来なかったんだよ』って聞かれて、初めてこのことについて話したくらいですから。でも、いま改めて考えても、僕は馬場さんを裏切れないし、カネで動くこともなかったと思います。カネで動くんだったら、SWSのときに動いてますよ」

同じく残留した渕とは、当時どんな話をしていたのか。

「渕さんとは、当時から『なんで残ったのか』とか、そういう話をした記憶はないですね。ただ、僕は個人的に、ベストな人が残ってくれたなって思ってました。渕さんはマッチメイクもできるし、アイディアも豊富。直後に渕さんとディファ有明でやった試合も（00年7月1日）、バチバチに受けてくれてすごかったし、選手としても頼りになる人だなと思いましたから」

天龍復帰戦でのカードへの不満

とはいえ、深刻な人員不足になってしまった全日本。その強力な「呼び物」として、かつて全日本を飛び出していった天龍源一郎が電撃復帰し、全日本マットに参戦を果たすこととなる。

「天龍さんの全日本参戦にはSWSのこともあって、正直、少しは思うところもありました。でも、全日本を盛り立てるのが第一ですから。このとき、僕は天龍さんとタッグを組んで試合をしたんですが（7月23日・日本武道館、川田利明&天龍源一郎vsスタン・ハンセン&マウナケア・モスマン戦）、やっぱりいきなりシングルでやったほうが盛り上がるんじゃないかと思いましたね。最初に後楽園ホールに天龍さんが乗り込んできたとき（00年7月2日）も、僕はずっと持っていた『レボリューション』のジャージを、リング上でパフォーマンスとして天龍さんに返すつもりだったんですけど、これもいろいろあって、最終的には止められた形で実行できませんでした」

その後、全日本は新日本との対抗戦を開始し、川田は新日本との闘いに身を投じていく。02年には新日本を退団した武藤が全日本に正式入団し、同年10月には社長に就任。激動が続く「王道プロレス」は、時代とともに大きく変遷していった。

「馬場さんがレスラーとして現役を退いたとしても、生きてさえいてくれれば全日本が分裂することはなかったんじゃないかなって思います。馬場さんは人の性格や気持ちを察して動いてくれる人でしたし、経営者としても一流だった。僕がプロレス界で少しでも活躍できて名前を残せたのは、馬場さんのおかげだと本当に思います」

ジャイアント馬場の遺伝子を継ぐレスラーは多いかもしれない。しかし、馬場を超えることは誰にもできないし、結果として「王道プロレス」は馬場全日本だけの専売特許となってしまった。

「それに、僕はもともと一番になりたいというタイプじゃないんですよ。トップではなく、2番手くらいの場所でやってるのが好きなんです。だから、みんないなくなったときも、会社や記者さんに『全日本のエース』とは呼ばないでくれって頼んでいましたから。僕は一番になりたくて試合をしてきた人間じゃない。それが自分だし、そこにこだわって生きていくことが〝俺の王道〟なんです」

平成プロレス10大事件❻

ジャイアント馬場逝去と全日本分裂

「川田から電話で『このまま全日本がなくなるのは嫌です』」

告白

渕正信

取材・文●堀江ガンツ
撮影●山田南星

PROFILE

渕正信 ふち・まさのぶ●1954年、福岡県生まれ。74年、全日本プロレスに入団。87年には世界ジュニアヘビー級王者に。90年代は悪役商会の一員としてファミリー軍団と抗争を繰り広げる。2000年の三沢光晴らの大量離脱後も、川田利明とともに全日本に残留。09年以降は、フリーとして全日本に参戦していたが、13年、全日本プロレス取締役相談役に就任し、現在も現役レスラーとしてリングに立ち続けている。

それはまさに、20世紀の終わりを感じさせる大きな出来事だった。

全日本プロレスの総帥にして、アントニオ猪木とともに日本のプロレス界を支えてきたジャイアント馬場が、1999年1月31日午後4時4分、東京医科大学病院にて、大腸ガンの肝転移による肝不全により永眠した。享年61。

これにより、長年マット界を繁栄に導いてきた馬場—猪木体制が終焉。さらに翌2000年6月には全日本から選手が大量離脱し、三沢光晴がプロレスリング・ノアを設立したことによって、新日本プロレスと全日本プロレスの2大団体の図式も、20世紀の終わりとともに崩れることとなった。

ジャイアント馬場の逝去は、マット界を再編させるほどの影響を与えたのだ。

晩年の馬場の体調悪化は、元子夫人によって箝口令が敷かれていた。元子夫人以外に本当の容態を知るのは、付き人であったリングアナウンサーの仲田龍と、レフェリーの和田京平のみ。ジャンボ鶴田、三沢光晴、百田光雄ら、全日本の幹部にも知らされることはなかった。

馬場の死を知った和田京平からの〝号泣電話〟

そして90年代にはマッチメークを任されるなど、馬場の信頼も厚く、もっとも近い立場にいる選手の一人だった渕正信もまた馬場の容態は知らされていなかった。

「馬場さんの病状がそこまで深刻だなんて、亡くなったという報告を受けたそのときまで知らなかったんだよ。ただ、思い返してみればその兆候はあった。最後のシリーズとなった（98年の）『最強タッグ』巡業中、馬場さんが2試合休んだんだよ。松本大会と静岡大会だったかな。風邪をひいたってことだったんだけど、馬場さんは連続出場記録（デビュー以来3764試合）を持ってるくらい、滅多なことじゃ休まない人だから、もっと重い病気なんじゃないか？って心配になったんだよね。でも、（馬場）元子さんも全然深刻な感じじゃなかったし、最終戦の日本武道館には出場したから、『ああ、大丈夫なんだな』と思ったんだけど……」

のちに関係者によって明かされた話によると、馬場が最初に体調不良を訴えたのは98年11月29日だったという。その日は『98世界最強タッグ決定リーグ戦』の巡業中で仙台に滞在していたため、馬場は仲田龍に付き添われて現地の病院へ行っている。そのときは、風邪と診断され、翌30日の仙台大会には出場し、その後、大事を取って12月2日の松本大会と、3日の静岡大会は欠場したものの、4日の千葉大会からは戦線に復帰。シリーズ最終戦の5日武道館大会にも出場し、ラッシャー木村、百田光雄と組んで、渕正信&永源遙&菊地毅と6人タッグマッチで対戦したが、結果的にこれが生涯最後の試合となってしまったのだ。

「最後の試合となった武道館の6人タッグは、俺も馬場さんと対戦してるんだけど、そこでも普段と変わった印象はなかったな。ただ、馬場さんは『最強タッグ』が終わったあとニューヨーク（WWE）に行くっていう話があったんだけど、それが延期になったって聞いたとき、『ああ、まだ体調があまりよくないんだな』とは思ったんだよ。それで年が明けて、正月の挨拶には必ず出てくるはずなのに会場（後楽園ホール）にも来てなくて、新春シリーズも全休が発表されてね。

それから1週間ぐらい経ったら、馬場さんが腸閉塞で手術したっていう話が入ってきた。でも、そのときも入院先で馬場さんの世話をしてた（和田）京平ちゃんが、『5月に東京ドーム大会があるから、大事を取ってるんだよ。手術だって、便秘の元を切るっていうだけだから、心配しないで』って、普段と変わらない明るい感じで言うからさ。俺はそれを信じてたんだけどね。だからまあ、京平ちゃんは事実を隠してたってことなんだろうけど、隠してたほうもつらかっただろうね」

実は99年から全日本とWWEで交流の話が持ち上がっており、馬場は98年12月13日にカナダで行われるWWEのビッグマッチに招待されていた。そして日本を発つ前の12月7日、都内の病院で精密検査を受けた際、上行結腸ガンが見つかり、すでに肺にも転移していたことで緊急入院となる。しかし、この事実は馬場には告知されず、それもあって元子夫人から周囲に箝口令が敷かれたのだ。

「新春シリーズの最終戦は大阪だったんだけど（1月22日・大阪府立体育会館）、たしかその翌日が馬場さんの誕生日だったから、みんなでお見舞いに行こうっていう話になったんだよ。だけど、元子さんが『もうちょっと待って』って言うから、それもなくなってね。それからオフに入って、1週間ぐらいたった2月1日の夕方、京平ちゃんから泣きながら電話がかかってきて、馬場さんが亡くなったことを知らされたんだよ。こっちは『ウソだろ⁉』って、信じられなかったよ。その後、恵比寿の馬場さんのマンションに行って、ご遺体と対面しても寝てるんじゃないかっていう感じで、全然実感が湧かなかったな」

三沢には「野心」があった

御大・ジャイアント馬場という、文字通り大きな存在を失ったことで、ここから全日本と渕の運命は大きく変わっていく。

「馬場さんが生きている間は、全日本や自分の今後の人生に対して、なんの不安もなかったんだよ。〝ヒーローは死なない〟っていうような妙な思い込みがあったから、馬場さんはずっと生き続けるような気持ちでいたからね。

あの頃は、全日本もまだ日本テレビの中継もあったし、三沢（光晴）や川田（利明）を中心にいい選手も揃っていたし、地方は少し厳しくなっていたけれど、お客さんは入っている状況だったからね。98年に1回目の東京ドーム大会が成功して、99年に2回目のドーム大会をやることも内定していてね。これからニューヨーク（WWE）と協力関係を築いて、新しい外国人選手もどんどん入ってくるだろうし、もう（ビッグバン・）ベイダーはこっちに来ていたし、『さあ、これからますます面白くなっていくぞ』という矢先に、肝心要の馬場さんが亡くなってしまったわけだから。一つの時代が終わったんだろうな。俺自身、もう若くはなかったから、長くやってもしょうがないなって。そこまで考えたよね」

馬場の死後、99年5月2日に東京ドームで「ジャイアント馬場『引退』記念興行」が行われる。「追悼興行」ではなく「引退興行」としたのは、生涯現役を貫いた馬場の気持ちを汲んだものだった。

その5日後の5月7日、全日本は新体制を発表。三沢光晴が社長に就任し、川田利明と百田光雄が副社長。馬場元子夫人、小橋建太、田上明、渕正信らが取締役となった。

しかし、新体制がスタートしてから1年も経たずに、プロレスに対する方針の違いから新社長・三沢と、筆頭株主で事実上のオーナーである元子夫人の対立が表面化してしまう。

のちに三沢らが離脱したあと、川田とともに二人だけ全日本に残った渕は、当時の全日本の状況について、どう思っていたのだろうか？

「やっぱり馬場さんという存在がいたからこそ、いろんなバランスが取れていたというか、全日本という組織が成り立っていた部分が大きかったんだろうな。元子さんは元子さんで、馬場さんや全日本に対する思いというのは、ものすごく強い人だったし。三沢も三沢なりの全日本に対する愛情、プラス野心もあったと思うし。三沢は大きな身体じゃないのに、全日本のために身を粉にしてやってきた部分もあるしね。

あの頃、何回も何回も選手会を開いて、これからは改めて三沢を中心にやっていくっていうことになって、俺もそれを後押ししていたし、それはそれでいいんだけど、結果的に元子さんを、最近よく使われる言葉で言うと、〝排除〟みたいな感じになってしまって、それはちょっとつらい部分があったよね。

でも、三沢と元子さんの対立と言っても、そんな言われるような悪口三昧じゃなかったと思うよ。なんか大喧嘩して、怒りをぶつけたみたいなことが、その場にいない人間によって書かれてるみたいだけどさ。俺自身、元子さんと三沢の間に直接入っていたわけじゃないから、そのへんの詳しいところまではわからないけどね」

選手のなかでは比較的、馬場夫妻に近い関係にあったので、複雑な思いを吐露してくれた渕。それでも、三沢の独立にも理解を示していた。

「あのとき、三沢はいくつ？　37歳ぐらいか。考えたら、ハードな試合を続けてきて、故障もあっただろうし。川田にしても腕を折ったり、目の骨を折ったりして（両眼ブロ―アウト骨折)、小橋のヒザのケガもあったしね。もうあの体制の全日本が終わらざるをえない時期だったというかさ。次のステップに行かざるをえない時期だったんじゃないかと思うよ。三沢には、日本テレビの後押しもあったわけだしね」

「世界で一番の弱小団体だけど、やってみるか」

そして三沢と元子夫人の関係はついに修復されることなく、三沢は仲田龍とともに独立を決意する。当初は、ごく少数での独立を考えていたとされるが、三沢が退団を表明すると、選手や全日本の社員の間でその行動に同調する者が続出。6月16日に行われた新団体設立会見では、練習生を含めた選手26人が移籍することが発表された。

大量離脱後、全日本に残ったのは川田と渕のわずか二人だけ(アメリカ在住の太陽ケアと、衆議院議員としてスポット参戦の馳浩は除く)。あのとき、渕がたった二人になっても全日本に残った理由とはなんだったのか?

「三沢たちが独立するというのは、(ジャンボ)鶴田さんが亡くなって追悼セレモニーが行われた武道館大会(6月9日)のあと表沙汰になったわけだけど、その前から話としては聞いていた。でも、俺は馬場さんの教え子だし、馬場さんが亡くなって一つの時代が終わったと感じたから、もう引退しようと思ったんだよ。当時は46歳で、次の仕事を始めるにしろ、ちょうどいい頃合いかなと思ってね。

それで北九州の実家に帰って、ウチのおふくろと親父にも『引退する』って伝えてね。そしたら、北九州の実家に川田から電話がかかってきて、『このまま全日本プロレスがなくなるのは嫌です』って言うんだよ。俺は、若いヤツらが三沢を中心にして、新たにやっていくならしょうがないし、それでいいんじゃないかって思ってたんだけどさ。川田は『全日本でやる』って言うし、元子さんもやる気だって聞いて。京平ちゃんや木原（文人。リングアナウンサー）、リング屋さんもいるって言うから、所属レスラー二人でもフリーの選手を使えば、できないことはないなって。また、次のシリーズの日程もすでに決まっていたから、『じゃあ、世界で一番の弱小団体だけど、やってみるか』って感じだったな（笑）」

三沢ら全日本を離脱した選手たちによる新団体設立会見があった3日後の6月19日、渕と川田は全日本の合宿所で緊急記者会見を開き、全日本の存続と、7月1日からの「2000サマーアクションリシーズ」を予定通り開催することを発表した。

この会見のなかで、すでに「新日本との交流を前向きに考えいく」旨が発表されていたことで、一部では、三沢らの離脱前から川田と渕には新日本参戦の話がついていたため、全日本に残留したとも言われたが、渕はこれを強く否定する。

「そんなこと、誰が言ってるんだよ。よく、そういう嘘っぱちが出回るよな。事前に俺たち二人に新日本から話があったということは一切ない。ただ、川田に関しては、全日本としてエースの三沢を貸し出すわけにいかないし、小橋なんかもそういうタイプではないから、川田が他団体要員というわけではないけど、新日本も川田なら可能性があるというか、使いたいという思いが以前からあったのかもしれないけどね。あれだけいい選手だから、使いたいと思うのは当然だよな。でも、実際に新日本と交渉を始めたのは、1シリーズ終わってからだよ。新日本との交流っていうのは、あのときの全日本には必要なものであったと思うけど、生前、馬場さんが嫌がっていたことだからさ、ちゃんと自分たちの力で1シリーズ乗り切ってから始めたんだよ」

「渕vs蝶野戦」で武道館は超満員に

新日本との交渉の席には、渕が全日本側を代表して座ったという。そして00年8月11日、渕は単身、新日本の両国国技館大会に乗り込んでいく。

「あのときは、永島のオヤジ（永島勝司新日本取締役）との間で、俺が新日本に宣戦布告するってことだけが決まっていて、あとは打ち合わせもなにもなかったんだよ。車で行ったら道路が混んじゃって、会場に着いたのは出番の5分前。ションベンしたかったのに、ションベンする時間もないままのぶっつけ本番。もしかしたら乱闘になるかもしれないと思って、破られてもいいような安いスーツを着てリングにあがったんだ」

渕は、「G1クライマックス」最終日の休憩時間にリングに上がると、「30年、この長い間、全日本プロレスと新日本プロレスの間には、常に大きな壁がありました。その壁を、今日、ぶち破りに来ました。たった二人しかいない全日本プロレスですが、看板の重さとプライドは、新日本には負けていません！」と一世一代のマイクアピールを展開する。

そして新日本の現場監督、長州力とガッチリ握手。そこへ蝶野正洋が現れ、「ここはテメーの来るとこじゃねえ！　とっとと帰れ！」と叫び、被っていた帽子を投げつけると、渕は「蝶野、忘れ物だ」と帽子を拾って投げ返し、「新日本プロレスファンのみなさん、どうもお騒がせしました」と挨拶してリングを降りた。

この渕の堂々とした態度と振る舞いは、新日本のファンからも大歓声が上がり、こうして対抗戦の火蓋は切られたのだ。

「まあ、あれは（ラッシャー）木村さんのマイクが勉強になったんだろうな。蝶野は早口でまくし立てて、なにを言ってるかわからなかったけど、俺は木村さんみたいにゆっくりとしゃべったから、観客にも伝わった。木村さんのおかげだよ（笑）。あのあと、蝶野が全日本の武道館（9月2日）に上がって、俺とシングルでやってね。結局、俺が負けたわけだけど、武道館が超満員になってくれたから、俺の役割は果たせたな、と思ったよ」

その後、新日本との交流は続き、三冠ヘビー級王者となった武藤敬司が02年に新日本から全日本に移籍。同年10月には社長に就任した。そして、紆余曲折ありながらも14年に秋山準が社長となり、23年前の選手大量離脱で潰れかけた全日本は、22年に旗揚げ50周年を迎えた。

「あれからもう23年か、早いもんだな。俺自身、最初に入門したのが73年3月だから、今年で50年。一つの団体に、それだけ長く所属するっていうのは、もう俺ぐらいだろう。いま、リングシューズがボロボロになってきたから、新しくつくり変えたいんだけど、俺がリングシューズ新調したら『あと何年やるつもりなの?』って言われそうで、なかなか堂々とはつくれないんだから(笑)。だけど、ファンのみなさんが、いまだに声援を送ってくれることに関しては感謝だね。生前の馬場さんがいつも言っていたとおり、全日本はファンに支えられている団体だから。俺自身はいつまでできるかわからないけど、これからも全日本は、ファンに喜んでもらえるような団体であり続けたい。そんなふうに思うよな」

平成プロレス10大事件❼

〈平成13年〉

『流血の魔術 最強の演技
―すべてのプロレスはショーである』発売

平成プロレス10大事件❼

『流血の魔術 最強の演技──すべてのプロレスはショーである』発売

山本小鉄が「プロレス界と縁を切る覚悟があるんならやれば」

告白 ミスター高橋

取材・文●金崎将敬
撮影●山田南星

PROFILE

ミスター高橋 みすたー・たかはし●1941年、神奈川県生まれ。新日本プロレスの創成期からレフェリーとして活躍。80年代にはマッチメイカーも兼任し、リングの表も裏も熟知する。引退後の2001年に『流血の魔術 最強の演技―すべてのプロレスはショーである』（講談社）を出版し、プロレス業界に一石を投じた。ほか著書に『悪役レスラーの やさしい素顔』（双葉文庫）など多数。

ミスター高橋は、1972年に旧知の間柄だった山本小鉄にスカウトされる形で旗揚げ直後の新日本プロレスに入団。メインレフェリーとして25年以上にわたって試合を裁き続け、80年代にはマッチメイカーも務めるなど、新日本の表も裏も知り尽くす立場にあった。そんな高橋氏が、引退後の2001年12月、プロレスの〝暗黙の了解〟や〝アングル〟まで記した書籍『流血の魔術 最強の演技—すべてのプロレスはショーである』(講談社)を出版。「高橋本」と呼ばれたこの本は、それまで秘密にされ続けてきたプロレスの〝仕組み〟を初めてオープンにし、プロレス業界、プロレスファンに大きな反響を巻き起こした。

「読んでなくて、どうして暴露本だって言えるのか?」

「私が書いた『流血の魔術 最強の演技』は、暴露本と呼ばれることも少なからずありましたが、私にはそんなつもりはないし、ちゃんと読んでいただければわかってもらえるはず。私はプロレスが大好きですし、レスラーたちのことを貶めるようなことは書いていない」

『流血の魔術 最強の演技』の内容を簡単に説明すると以下のようになる。

プロレスはマッチメイカーにより試合前に勝ち負けが決まっていて、高橋氏自身が控室を行き来しながら試合の「アップ・ダウン」を伝えていること。マッチメイカーは「アングル」と呼ばれるストーリーを考え、興行を盛り上げるために試行錯誤していること。具体的には、アントニオ猪木の異種格闘技戦で本当の真剣勝負はモハメッド・アリ戦とアクラム・ペールワン戦の2試合だけだったこと。その他、「海賊男」の正体、高橋氏がアングルを考えたという「藤原喜明テロリスト事件」、猪木の「舌出し失神事件」を目の当たりにした坂口征二が「人間不信」の書き置きを残して失踪したエピソードなどの真相が次々と明らかにされている。

さらにはレスラーが額から血を流す〝ジュース〟は、観客から見えないようにカミソリでカットしているという「流血の魔術」についても詳細に書かれている。いままでプロレス業界でタブーとされていたことを明らかにした高橋本はプロレスファンを中心にセンセーショナルに受け止められ、スキャンダラスな話題となって広まっていった。

出版直後、プロレスファンで知られた政治家・放送作家の野末陳平氏から高橋氏に電話がかかってきたという。

「野末先生は『俺は日本で一番プロレスに詳しいと思ってたんだけど、一番なにも知らなかったということがわかったよ。俺のラジオ番組で紹介しておく』って言ってくれました」

野末氏のように素直に本の内容を認める例は稀で、ほとんどの読者は「以前から知っていた」「視点が偏っており、事実ではない」などと否定する意見が多かった。狂虎タイガー・ジェット・シンからも電話があったという。「悪役キャラのアングルを公表されたことへのクレームかな」と思ったのだがそうではなかった。貿易ビジネスで来日していたとき、高橋本のことを知り、英語に訳して読んでもらったという。「開口一番、『thank you peter』と言われたのには正直、胸をなで下ろしました。これまで〝狂虎〟のイメージのまま本当に頭のおかしな男と思われていたのが、キャラクターだったんだと理解してもらえて、ビジネスも順調に行えるようになったそうです。12年の7月（1日）に、カナダのオンタリオ州ブランプトンで行われたプロレスイベントの、タイトルマッチの立会人として招聘してくれたり、タイガーとはいままでも友好関係が続いています」

しかし肝心のプロレスマスコミはこの本をほぼ黙殺。レスラーからも直接の反論は出なかった。なぜなら、本に書いてあることは事実であり、反論するとヤブヘビになってしまうからだった。

「永島勝司（元新日本専務取締役）さんと対談する機会があって、『暴露本』と一方的に切り捨てられました。『ちゃんと読んでいただけたんですか』と尋ねたら、かなり飲んでいた彼は『読まなくてもわかるよ、そんな本！』と語気を荒げた。読んでなくて、どうして暴露本だって言えるのかって憤りを覚えましたね」

マスコミは内容に触れることなく、「ミスター高橋はカネに困っていて暴露本を書いた」というバッシングに終始した。まともな書評や、具体的な内容に対する間違いの指摘や反論はほとんどなかった。

高校生に言われた「あんな八百長、観ませんよ」

「カネのためこの本を書いたんだろ、と言う人もいたようですが、それはまったく違います。私は新日本を辞めたあと、大手警備会社の教育部に2年間務め、その後はまったく未知の世界だった高校の講師の道を選び10年間勤務しました。でも、教室には私のレフェリー時代のことを知っている生徒はいませんでした。当時ブームだったK－1などの格闘技の話をしていた生徒がいたので『プロレスは観ないのか？』と尋ねたら『あんな八百長、観ませんよ』と言われました。これは衝撃でした。プロレスを八百長と決めつける若者が増えていったら、この先の業界の発展はないし、優れたエンターテインメントであることを知られないまま消えていってしまう。それではいけない、というのが執筆の動機です」

高橋本が執筆された01年前後は、まさに格闘技ブームの真っ只中。93年に誕生した立ち技格闘技のK－1は、ヘビー級やミドル級の人気選手を増やし、いずれもテレビのゴールデンタイムで生中継されていた。97年の高田延彦vsヒクソン・グレイシー戦

Antonio Inoki

で始まった「PRIDE」もドームクラスの会場を常に満員にしており、そこではプロレスラーたちが総合格闘技に挑んでは無残に負けていくという図式が繰り返された。ファンの間でも、格闘技は真剣勝負というジャンルでプロレスの上位概念にあるという認識が広がり、時代は曲がり角を迎えていた。

「プロレスの〝曖昧さ〟をこのままにしておいたら、そう遠くない時期にこの業界は崩壊する。そんな風に考えていたところに、アメリカのWWFがプロレスはショーであるとカミングアウトしたという話がありました。日本のプロレス業界もそれに続いて情報を公開するべきだと思ったのです」

WWFは99年に株式を公開。この際に、株主や市場に対して事業内容の説明をする必要があり、そこでWWFが行っていることはスポーツでなくショーであり、すべてシナリオがあることを明らかにした。02年には社名をWWE（World Wrestling Entertainment）に変更。これは同名の動物保護団体との差別化を図るのが目的だったが、社名に「エンターテインメント」と入ったのは、象徴的であった。

さらに高橋氏は講談社の担当編集者に誘われ、アメリカマット界の裏側を取材したドキュメント映画『ビヨンド・ザ・マット』のロードショーを鑑賞している。

「プロレスの打ち合わせのシーンからキャラクター、アングルのつくり方まですべてカメラが入っていた。こんな映画が公開されているということは、日本のファンにプロレスの仕組みを隠し通すことはできないと思いました」

執筆のキッカケになった猪木vsタッキー戦

もうひとつ、高橋氏の執筆のキッカケとなった「試合」があった。

「猪木さんと、アイドルの滝沢秀明さんとの試合です」

00年3月11日、力道山OB会が主催する「メモリアル力道山」興行が横浜アリーナで開催された。メジャーからインディーまで16団体が参加し、99年の〝1・4事変〟から遺恨が続いていた小川直也と橋本真也がタッグを組むことになり、橋本の会場入り時に村上和成が襲撃するという事件が起きた大会といえば思い出すファンもいるかもしれない。この大会でタッキーこと滝沢秀明とアントニオ猪木のエキシビションマッチが行われ、タッキーはエルボードロップを叩き込むなど躍動。3分57秒・体固めにより猪木が負けるというサプライズが勃発した。

「もちろん猪木さんは強さとともに上手さも一流のレスラーですから、誰が相手でもプロレスを成立させることができます。でも、アイドルといきなり試合をして負けてしまうというのは、いくらなんでもどうなんだろうと思いました。猪木さん自身が、プロレスと格闘技を分けて考えるようになり、公にもそうした発言が増えてきたのもこの頃だと思います」

高橋氏自身が至近距離で目撃してきた事実に、業界に対する様々な思いや考えを織り込んだ高橋本の主張は、プロレスはプロレスとして胸を張って見せるものであり、ファンをだましながら続けていくことはない、というシンプルな提言だ。

しかし、スキャンダラスな「暴露本」とみなされてしまったのは、本書の端々にある筆致や表現が多少過激になっていることにも原因がある。

猪木が、一線のレスラーではなくなっていたグレート・アントニオに仕掛けた制裁マッチについて、「強気を助け、弱気をくじく〝燃える闘魂〟」という表現や、「これだけ情報があふれて、格闘技の世界が多様化しているなかで、30年前につくった〝キング・オブ・スポーツ〟の看板にしがみつくのは愚の骨頂だ」などという辛らつな表現、「ゴッチは〝プロレスの神様ではない〟」との見出しも目につく。

「この本のタイトルは『告白』となっていますが、身の危険を覚悟してまで出版した『流血の魔術〜』のことについて、後悔しているわけでも、懺悔しているわけでもないと、はっきり言っておきます。あれから歳月が経過すること16年、最近は会場へ足を運ぶ機会が何度もあって気づいたのですが、若いレスラーは実にのびのびと自己パフォーマンスをしています。要するに真剣勝負というフェイクの足かせを解かれたからでしょうし、観客も昔のファンの気風からは大きく変化して、プロレスを侮辱したり、レスラーの心を傷つける野次がまったく飛ばなくなったのも喜ばしいことです。

実は、執筆を決意したときに山本小鉄さんに電話をしました。なにかにつけ一番手の合っていた彼に話しておくのは筋だと思ったからです。ところが、『プロレスの秘密は守り通さなければならない』と猛反対されてしまった。私は『もう時代が変わったんだ。プロレスの衰退を食い止めるためだ』と、カミングアウトの重要性を説いても、頑なな彼の考えが変わることはありませんでした。随分と長電話になりましたが、最終的に、『プロレス界と縁を切る覚悟があるんならやれば』と彼は口を閉ざしてしまったんです。

それ以来一度も会うことのなかった竹馬の友は、10年8月28日、68歳の若さであっさりと他界してしまいました。

突然の悲報を聞いたとき、頭の中が空白になってしまったあの衝撃は生涯忘れられません。子供時代からの付き合いですから、様々な思い出が鮮明に甦りました。楽しく遊んだ昔日をいまでも懐かしんでいます。もう一度、大好きなビールを飲み交わしたかった小鉄ちゃんの笑顔を思い浮かべつつ、心より冥福を祈っています」

『教養としてのプロレス』の〝衝撃〟

高橋本の出版以前にも、プロレスの内幕を記した様々な本が存在するが、「プロレス衰退の戦犯」と呼ばれるほどの後ろ指はされていない。

代表的なのは85年にナユタ出版会から出版された佐山聡による『ケーフェイ』だ。なぜレスラーはロープに振ると帰ってくるのかなど、ファンがぼんやりと疑問に思っていたことを解説しているが、業界を揺るがすほどの存在にはなっていない。

「『ケーフェイ』は、発売当時に新日本の合宿所に置いてありましたので、読んだことはありますよ。でも当時、この本について誰かと議論したこともないし、誰かが怒っていたとも聞いたことはないですね」

高橋氏は最近、ある本を読んで深く考えさせられたという。

「プチ鹿島さんが書いた『教養としてのプロレス』（双葉社）を読んで、私が思いもしなかった視点でプロレスを楽しんでいる方がいるんだということに、ハッとしました。プロレスが真剣勝負なのか、フェイクなのかとか、そんなことにはこだわらず、半信半疑で観るのが一番楽しいという主張なんですよね」

高橋本が出る以前から、プロレスはショーだと認識し、アングルやレスラーの人間性そのものを楽しむというファンも一定数いた。

「鹿島さんは、プロレスはショーだからこそ楽しいと思っているのだと思います。私の本は読んでいただいているはずとは思いますが、『教養としてのプロレス』のなかに『流血の魔術〜』については一切触れられていなかった。逆にプロレスを半信半疑のスタンスで楽しんでいるファンにとっては、ＷＷＥや私のような白黒ハッキリつけてしまう考えは受け入れ難かったのかもしれません」

高橋本がセンセーションを起こしていた頃、高橋氏が友人と飲んでいた居酒屋で、「あの本のせいで、俺の楽しみが壊れてしまった」と酔客に物言いをつけられたことがあったという。

「鹿島さんの本を読み終え、あのとき私に絡んできた酔客も真剣勝負かフェイクか、半信半疑でプロレスを楽しんでいたんだなと、長い時を経てから知りましたね。でも、プロレスをそんな視点で観られるのは、ちょっとばかり寂しい気持ちもするのですが……」

裏も表も知ったうえで、まだ解けない混沌とした部分こそ「プロレス」の奥深さであり、醍醐味。筋書きもタネも仕掛けもあるが、そこで表出するレスラーの感情はナマモノで、なにがどうなるかは誰にもわからない。

「タイムラグがあるので、妄想的な話になりますが、私があの本を書く前に『教養としてのプロレス』を読んでいたら、またこうした考えのプロレスファンと出会っていたら、ああいう内容の本を書いただろうかと、若干ながら気持ちが揺らぎましたね」

現代の〝流血の魔術〟デスマッチを初めて生観戦

とはいえ、あの時期に『流血の魔術 最強の演技』が出版されたことで、その後のプロレス業界に多大な影響を与えたのは事実。高橋氏がエンターテインメントのカミングアウトを提唱したプロレスは、その後、どうなったのか。今回、本人の目で確かめてもらうために、17年12月17日、横浜文化体育館で行われた大日本プロレスのビッグマッチ「BIG JAPAN DEATH VEGAS 2017」を生観戦してもらった。

大日本は、当たりの強い肉弾戦が展開する「ストロングスタイル」と、蛍光灯やガラス、画びょうが飛び交う大流血必至の「デスマッチ」の二つが共存する、非常に振り幅の広い団体だ。この日の大日本は、様々な試合スタイルを高橋氏に観てもらうにはうってつけの大会だった。

「大日本プロレスを生で観戦するのは初めてでした。予想以上にお客さんが入っていましたが、大日本が顧客をしっかり掴んでいるからなんでしょうね。観客のみなさんも、試合中に『八百長だ!』というヤジは飛ばさなかったですね。これはマナーのよさもありますけど、みなさんがプロレスの構造を理解して、そのうえで楽しんでいるように見えました。大日本だけじゃなくて、いまプロレス会場へ足を運ぶファンのほとんどは、プロレスに筋書きがあることも、結末があることも承知して楽しんでいるんじゃないでしょうか。いまだにケッフェイを守り続けている団体やマスコミがあるとしたら、レスラーたちは、ファンの手のひらで踊らされているだけなんじゃないか、と思いますね」

この日の第2試合には、元新日本のケンドー・カシンが登場。6人タッグマッチでバラモン兄弟らと対戦した。

「バラモン兄弟は以前にも観て知っていました。水や墨汁を撒き散らすタッグチームですよね。お客さんが喜ぶなら、それはそれでスタイルとしてはありかもしれませんが、新日本の〝強さ〟を担っていたカシンには、いろいろな事情があるかもしれないので一概には言えませんが、オーソドックスなレスリングを観せてほしかったですね(苦笑)」

セミファイナルではBJW認定世界ストロングヘビー級選手権試合が行われ、チャンピオン鈴木秀樹に、橋本真也の息子・橋本大地が挑戦するタイトルマッチが行われた。

「大地くんのことは4〜5歳くらいの小さい頃を見ていますから、こうして立派に成長した姿を見ると感慨深いですね。試合は寝技が多かったですけど、会場にヒナ段を設置していないのでアリーナ席のお客さんからはよく見えなかったんじゃないかな。とはいえ大地くんの相手の鈴木選手は上手かったですし、『最強の演技』とまでは言いませんが、いい試合だったと思います。親父を越えるレスラーに成長してほしいですね」

試合は橋本大地が勝利し、ベルト初戴冠となった。続いてメインイベントはBJW認定デスマッチヘビー級選手権試合。王者・竹田誠志に高橋匡哉が「蛍光灯ツリー&ガラスボード+αデスマッチ」の試合形式で挑んだ。ぶち割った蛍光灯の破片やガラスが飛び散り、お互いの全身が真っ赤になるほどおびただしい血が流れる壮絶な攻防が繰り広げられ、17分44秒、蛍光灯へのリバース・Uクラッシュで竹田が3度目の防衛に成功した。流れ出た大量の血はすべて本物、まさに「流血の魔術」を体現した試合となった。

「私の子供や生徒にこの試合のようなデスマッチを観せたいとは思いませんが、選手たちの頑張りはすごいなと思いました。お客さんも喜んで、すごく盛り上がって、いまは、これはこれでスタイルとしては、ありなんでしょうね」

ストロングスタイル、デスマッチ、ルチャリブレ、さらに笑いやエンターテインメントに特化したものなど、現在のプロレス界では様々なスタイルが共存し、それぞれに個性を発揮している。そしてファンもすべてを「プロレス」として受け入れて、気負うことなく楽しんでいる。いまでは当たり前となったこの状況も、「あの本」の影響によってもたらされたのかもしれない。

平成プロレス10大事件⑦

『流血の魔術　最強の演技──すべてのプロレスはショーである』発売

「新日本の凋落と〝高橋本〟の出版は関係ない」

告白　水道橋博士

取材・文●堀江ガンツ
撮影●山田南星

PROFILE

水道橋博士 すいどうばし・はかせ●1962年、岡山県生まれ。お笑い芸人。オフィス北野所属。86年、ビートたけしに弟子入りし、翌87年に玉袋筋太郎と浅草キッドを結成。2004年、浅草キッド名義で著した『お笑い男の星座2』が大宅壮一ノンフィクション賞にノミネートされる。『博士の異常な健康』『筋肉バカの壁』『藝人春秋』『藝人春秋2（上下巻）』など著書多数。

2001年12月、マット界を根底から揺るがすような最大級の激震が起こった。新日本プロレスの元メインレフェリー、ミスター高橋による『流血の魔術 最強の演技―すべてのプロレスはショーである』（講談社）の出版だ。

この本は、プロレスは決して真剣勝負ではなく、結末があらかじめ決められたショーであり、エンターテインメントであると明かしたもの。いわゆる〝プロレス暴露本〟とされるものは、これまでも度々出版されてきたが、新日本創成期からメインレフェリーとして通算2万試合以上をさばき、一時期はマッチメイカーも務めた当事者であるミスター高橋の、具体的かつ詳細な描写のプロレス内幕エピソードは実に生々しく、それゆえファンに桁違いの衝撃を与えた。

この本の出版によって、それまでグレーゾーンであった〝プロレス八百長論争〟に事実上の終止符が打たれた感もあり、それ以降、プロレスを純粋に楽しめなくなってしまったファンや、プロレスファンをやめてしまった人を多数生み出すに至ったといわれる。つまり、高橋本以前と高橋本以後で、ファンの見方、意識が大きく異なることとなり、その意味で、マット界にあまりにも大きな影響を与えた本だったと言えるだろう。

プロレスファンを公言していた芸能人のなかには、この本の出版以降、プロレスを語ることをやめてしまった人も少なくないが、浅草キッドの水道橋博士は、高橋本に対してそういった人たちとは違う受け取り方をしていた。

シュート活字の提唱者、田中正志との出会い

「ボクはミスター高橋の本が出る何年も前から、田中正志（タダシ☆タナカ）の〝シュート活字〟というものを世に出そうということをやっていたからさ。高橋本の内容については、大相撲の八百長問題と一緒で、これまでも繰り返されてきたことだから、その延長戦上にあるもので、内容自体にショックを受けたということはなかったな」

シュート活字とは、プロレスは結末が決まっている格闘芸術だと明かしたうえで、それを前提にして試合やストーリーラインの面白さ、選手のうまさを評価していくという、ライター田中正志が提唱したプロレスの活字表現のスタイル。言わば、〝高橋本以前の高橋本〟だ。90年代半ば以降、ネット上でマニアを中心に論じられるようになったが、水道橋博士は70年代末の時点で、このシュート活字および田中正志とすでに出会っていたという。

「田中正志との出会いは、ボクが中3から高1にかけての頃。あの人が同志社大学プロレス研究会で『レスリング・ダイジェスト』というミニコミ誌をつくっているのを『週刊ファイト』で知って、手紙を書いたら、『君は見込みがある』って、文通が続いて、その後、わざわざボクが住んでいた岡山の倉敷まで来てくれたんだよ。それで〝喫茶店トーク〟をしたとき、プロレスの仕組みを教えられてね。あのときはショックだったな。『お前、そんなのもわからないでプロレス見ているの？』って、すごい

兄貴風、先輩風を吹かされてさ。だからボクは、高橋本でショックを受けた人たちと同じショックを、その20年以上前、16歳で受けてたんだよ」

その内容は、思春期のプロレスファンが知ったら、プロレスに失望し、ファンをやめかねないものであったことは容易に想像できる。しかし、水道橋博士はそれ以降も、プロレスにのめり込んでいったという。

「ショックではあったけど、ただでさえ面白いプロレスの、さらに奥深い部分を知ることができたわけだし、なによりボクは当時の活字プロレスを愛していたからね。本気でプロレス記者になりたいと思っていたくらいだから」

その後、博士は上京し、ビートたけしに弟子入りして芸人となる。一方、田中正志はアメリカへ留学して、『週刊ファイト』のアメリカ特派員をやりながらMBAを修了し、ニューヨーク在住の証券マンとなるが、二人の交流はその後も続いていたという。

そして95年に田中正志は処女作『プロレス・格闘技、縦横無尽。』（集英社）を出版。97年には第2弾として『開戦! プロレス・シュート宣言』（読売新聞社）を出版するが、ごく一部マニアの間で話題になった程度で、プロレス界に大きな影響は与えることなく、売上的には惨敗だった。

「あの処女作『プロレス、格闘技・縦横無尽。』が出たのが95年だから、田中正志という人はすごく早くからプロレスの仕組み、構造自体に言及しているライターだったんだけど、業界的にはまったく相手にされなかったし、脚光を浴びることもなかった。それは高橋本が出たあとですら、田中正志が書いたというだけで相手にされなかったからね。まあ、あの人の場合、『自説だけが正しい』という断言口調だったり、映画『ロッキー2』は、『自分がニューヨーク在住時代に書いた脚本を盗まれたものだ』って吹聴してたりするから、本人の胡散臭《うさんくさ》さも半端ないからねー（笑）」

高橋本によって広まったシュート活字的な見方

それでも90年代末から00年代初頭にかけて、水道橋博士は自身のWEBサイトや、雑誌媒体などを通じて、まだ日の目を見ないシュート活字普及のための後押しをしていた。その理由については、こう語る。

「ボクはホントに無垢な気持ちで完全に義理でやってたよ。カミングアウトすることが正しいと思っていたわけではなかった。田中正志という人を世の中に出したい、それが10代の頃に受けた恩返しだと思っていたから。出版社を紹介したりもしてね。

ただ、シュート活字はネット時代のプロレスの一つの見方として、面白いものだとは思っていた。『プロレス・格闘技、縦横無尽。』が出た当時、『次のリーグ戦では誰が優勝するかっていうのを、レスラーの強弱じゃなく、ブッカー、マッチメイカーの視点で予想するのがアメリカのマニアの間では流行っている』と報告してたんだけど、いまの日本のファンもそうなってるじゃん。新日本のG1なんか、その先の1・4ドームのメインカード予想から逆算して、優勝者も予想している。それって、いまはみんな普通に話しているけど、95年の段階ではすごく新しい視点だったからね」

その後、インターネットの普及や、すでにカミングアウトをしていたWWEの躍進、『レスリング・ウィズ・シャドウズ』や『ビヨンド・ザ・マット』といったプロレスの内幕を描いたアメリカのドキュメンタリー映画が日本でもDVD化されて観られるようになったりと、カミングアウトへの流れは加速度を増していく。

そして01年12月、ついにミスター高橋による『流血の魔術 最強の演技』が出版される。「WWEの成功に学び、プロレスは立派なエンターテインメントなのだと胸を張って情報公開することこそ、日本のプロレス人気再浮上への道」という高橋本の主張は、そのまま田中正志が提唱していたシュート活字と重なる部分が多い。

結果的に、それまでまったく日の目を見なかったシュート活字的なプロレスの見方は、高橋本によって多くのファンが知ることとなり、それ以降、少なくともネット上では「プロレスはエンターテインメントである」ということが前提で意見を交わすことが、普通のことになっていった。そして皮肉にも、高橋本によってシュート活字的な見方が広まったことで、田中正志の意見は特別なものではなくなり、やはり注目されることはなかったのだ。

「このミスター高橋の本と、田中正志の主張が被る部分が多いっていうのは、編集者の意向やアイデアが多分に影響していると思う。ミスター高橋は、この本の前に『プロレス、至近距離の真実』（講談社）っていう本を出していて、それも名著なんだけど、内幕を暴露するようなことは書いてなかった。それが突然、『プロレス人気復活のために情報公開が必要だ』と言い出したのは、編集者なり、第三者の意向が働いていたと考えるのが普通だからね。

あと、カミングアウトしたもう一つの理由は、やはり新日本に対する意趣返しだと思う。新日本の子会社として警備会社をやらせてもらえるはずが、それを反故にされたことに対する復讐だよ。そうじゃなきゃ、この本でここまで藤波（辰爾）が悪く言われる必要はないもん」

ミスター高橋は、長く新日本のメインレフェリーを務めていたが、90年代に入り、長州力が新日本の実権を握ると、メインレフェリーの座がアマレス出身で長州派閥のタイガー服部に取って代わられてしまう。そしてミスター高橋は、「引退したレスラーの受け皿となる警備会社をつくり、それを新日本が全面バックアップする」ことを約束に退社するも、その約束が反故にされたという経緯があった。そのときの新日本の社長が藤波だったのだ。高橋自身は否定するも、この一件の恨みが元で、いわゆる暴露本を出したと言われているのだ。

高橋本でむしろ深まった「猪木神話」

「だから、本を出した動機や、プロレスの内幕を暴露することへの是非というのは別に考えなければならないけど、この本を内容だけで語れば、圧倒的に面白かったね。言ってしまえば、そこが田中正志の本との一番の違いだよ。田中正志は、あの翻訳調の文体が、ズバリ言って悪文が多すぎて、読者に単純に平易に面白く、届いてないの。ミスター高橋の本は、それぞれのエピソードが全部面白い。雪の札幌で長州を襲って〝テロリスト〟になるのは、藤原（喜明）じゃなくて、小杉（俊二）のはずだったとかさ。第1回ＩＷＧＰ決勝での〝舌出し失神〟が猪木の自作自演だと知った坂口（征二）が、翌日、『人間不信』という書き置きを残して、会社を1週間休んだっていうエピソードも、この高橋本発だったからね。

あと、この本で味があるのがさ、英語の業界用語が全部訛ってる感じ。ジョブがジャブ、ワークがウォーク、ケーフェイがケッフェイ。英語本来の意味を考えずに、音で聴いて憶えてる感じが、実際に普段から使っていたことを想像させて、それがこの本のリアリティを補完していたよね」

しかし、リアルだからこそ、多くのプロレスファンがショックを受け、ミスター高橋への憎悪やプロレスに対して裏切られた思いを抱いたことにもなった。それについて、水道橋博士はどう思っているのだろうか？

「そのナイーブなプロレスファンの悲しき嘆きみたいなものに対して、ボクは同じ思いを馳せることはできないな。自分たちが抱いてきた幻想こそが大事で、真実を知らされて、その幻想が壊されることに対して激しい憎悪を抱くというのはさ、アイドルに彼氏がいることが発覚すると、『許せない』とか『騙された』とか言い出すアイドルファンも同じだけど、すごくボクには不思議に思うもん。要は『聞いてねーよ』って感じになるのかな。

ボクから言わせると、そういうプロレスという世界のなかでしかプロレスを知ろうとしないファンに対して疑問があるね。

昔からボクは持論として『プロレスについてしか知らない人はプロレスについてなにも知らない』っていう言い方をしてるんだけどさ。芸能界に例えたら、テレビのワイドショーを見て、すべてがわかったつもりになっているのと同じじゃん。でも、テレビや一般メディアでジャニーズ(※)やバーニングの人たちのスキャンダルは載らないし、あれだけしつこく不倫報道をやってるのに、宮根誠司さんの隠し子騒動はどこも報じないしね。そういう載せられないことがあるのは、プロレス界も芸能界も一緒。さらに相撲界に至っては、それを内部告発した人たちが変死した例まで実際にある。だから、そういう大衆操作があることを知ったうえで、ジャニーズを応援したり、相撲を応援したりするのと、まったく知らないジャニーズファン、相撲ファンという

※2023年11月現在、ジャニーズについては、故ジャニー喜多川氏の児童虐待・セクハラ問題が報道されている。

のは別種なファンなわけだよね。

そして、ミスター高橋の本に話を戻せば、あれを読んでボクは猪木に失望することはなかったし、当時、谷川（貞治）さんなんかとも『むしろ猪木神話は深まったね』って話をしていたくらいだから。受け止める側の問題だと思うよ」

「PRIDE」が新日本凋落の原因

水道橋博士は、高橋本によってプロレスファンの熱気が冷めて、とくに新日本人気が落ちていったという見方についても、疑問を呈する。

「ボク自身に関して言えば、ミスター高橋の本が出る前から、橋本真也vs小川直也の抗争以降はずっと（新日本に対して）冷めていたからね。橋本vs小川戦は、予定調和じゃないことが起きたことに対して興奮したけど、裏を返せば、当時の新日本がいかに予定調和になっていたか、ということだから。

その一方で、PRIDEでは桜庭和志が快進撃を続けていたわけだからさ。もうボクは当時、PRIDEに心底夢中だったよ。そのボクも含めて、多くの元新日本ファン、猪木信者がこの時期にPRIDEに移ったことは事実。だから、新日本人気が落ちたというのは、キング・オブ・スポーツという概念、ストロングスタイルという概念を、PRIDEに奪われたということのほうが、むしろミスター高橋の本より影響が大きかったと思う」

博士の言うとおり、高橋本が出る前年の00年に、桜庭はグレイシーハンターとして大ブレイク。一方、新日本はというと、99年に〝1・4事変〟が起こり、橋本が小川に潰され、高橋本が出た直後である01年大晦日には、永田裕志がミルコ・クロコップの左ハイキックで秒殺KO負けを喫するなど、強さのイメージが失墜していた時期。

プロレスには格闘技とは別の価値観が求められ始めた、まさにその過渡期にすべてをリセットするかのごとく現れたのが高橋本だったのだ。

「ミスター高橋の本が出たのは、高田vsヒクソン戦があって、猪木が引退して、橋本vs小川の1・4事変があって、ジャイアント馬場が死んで、そのあとだもの。時代の端境期に出るべくして出た本だったと思うよ。歴史的に見ると、あそこでそれまでの新日本プロレスを一度ぶち壊したことになるんだろうけど、そうする必要があったんじゃないか、という思いが総括としてあるよね。

いまの新日本人気というのは、棚橋弘至にしろ、オカダ・カズチカにしろ、最初から『プロレスはエンタメです』というところから始まっている人たちがつくったものなわけだからさ。猪木イズムとか、ストロングスタイルというものを消して、一回更地にするためには、この本が必要だったんじゃないかと思う。そういう意味では、いまの新日本人気にも間接的に大きな影響を与えているんだよ」

平成プロレス10大事件❽

棚橋弘至刺傷事件

〈平成14年〉

平成プロレス10大事件❽ 棚橋弘至刺傷事件

某若手選手が「不祥事を起こした棚橋の解雇」を強硬に主張

告白 匿名X

元新日本プロレス関係者

PROFILE

匿名X 1990年代に新日本プロレスに入社。道場や巡業において選手と接する機会の多い業務を担当。棚橋弘至とは年齢が近く、深い関係を築く。2000年代に新日本を退社。新日本の暗黒期にも「棚橋が新日本を立て直す」と信じていたという。現在はプロレスとは関係ないメディア系の分野で働く。

取材・文●金崎将敬

新日本プロレスを暗黒時代から救った男・棚橋弘至。彼が成し遂げた、倒産危機からのV字回復ストーリーはあらゆるメディアで称賛されてきた。そんな〝100年に1人の逸材〟には、一つだけ深く触れられない過去の傷痕がある。棚橋弘至刺傷事件――棚橋は背中をナイフで刺され、一時は意識不明の重体に陥った。加害者（以下、H）は数時間前まで恋仲だった女性だった。この忌まわしき事件を、当時の新日本プロレス関係者で、一連の裁判も傍聴したというX氏の証言で振り返ってみたい。

ナイフの傷は肺まで達し、一般人なら即死

「あの事件は、プロレスラー・棚橋弘至にとっても、人間・棚橋弘至としてもまさに〝生命の危機〟でした。1999年10月のデビューから約3年、鈴木健三（現・KENSO）とのタッグチーム『タナケン』として頭角を現し、その後、佐々木健介を中心としたユニット『スウィング・ロウズ』の一員として新日本マットで自己主張をするなど、レスラーとして上り調子の時期に起きた悲劇でした。スキャンダルに見舞われ、バッシングと女性ファン離れが起きました。でも、それ以上に彼は命の危険にさらされていたんです。刺された傷から流れ出した血液は1・7リットルもあった。これは体の中の血液の3割にあたり、生命に危険を及ぼす量です。実際、棚橋は病院で一時期、意識不明の重体に陥りましたから……」

そうX氏が語る、前代未聞のプロレスラー刺傷事件は2002年11月28日、目黒区内にあった加害者女性が住むマンションの一室で起きた。

「Hさんは事件当時タレントで、CSのプロレス格闘技専門チャンネルの『FIGHTING TVサムライ』の番組でアシスタントも務めていたんです。Hさんはプロレス関係者であったんですが、棚橋選手と知り合ったのは芸能界入りする前のOL時代なんですよね。プロレスファンだったHさんが棚橋にファンレターを送ったことがきっかけで交際がスタートして。HさんはOLを辞めてタレントの道に進みます。棚橋との距離を縮めていくんですが……」

棚橋は事件当日の深夜1時、目黒区にあるHのマンションを訪れて、Hと愛を交わして体を重ねた。ところが棚橋は「ほかに好きな人ができた。中学時代の同級生で、初恋の人なんだ」と告白し、Hに対して別れ話を切り出した（ちなみに、その初恋の人が現在の棚橋の妻である）。

「ショックを受けたHさんは、棚橋が寝静まったあとに、台所から刃渡り13センチのキッチンナイフを取り出して、棚橋を刺して自分も死のうとしたそうです。でも、できなかった……。

翌日試合があった棚橋は10時頃に部屋を出ようとしますが、Hさんは引き止めます。Hさんにとっては永遠の別れになるかもしれない。Hさんはあと1分間だけいてほしいと頼みました。棚橋はHさんに背を向ける形でベッドの端に腰掛け、部屋の時計を見ながら、1分間が過ぎるのを待ったそうです」

秒針が約束の時間を指す前に、Hは棚橋の鍛え抜かれた背中目がけ、キッチンナイフを2度、深々と差し込んだ——。

棚橋は刺されながらも、野毛（東京都世田谷区）の新日本道場までスクーターで戻り、その後、再びスクーターを運転して病院へ向かった。

「ナイフの傷は肺まで達していて、一般人なら即死という重傷だったそうです。棚橋は治療中、薄れゆく意識のなかでHさんの身を案じていたそうです。このままでは自殺してしまうかもしれない。誰か早くHさんの部屋に向かってほしいと」

Hは、11時20分、病院からの通報で駆けつけた玉川署員に逮捕された。

懲役3年、執行猶予4年の判決

事件の翌03年2月18日、東京地裁で事件の初公判が行われた。捜査や裁判の過程で棚橋が二股をかけていたことも明かされた。彼女は「棚橋さんを誰にも取られたくないと思った。彼を殺して、私も死のうと思った」という犯行動機を明らかにし、こう反省の言葉を述べた。

「とても後悔しています。私は、一生をかけて償いたい。棚橋さんが、トップレスラーとして活躍してくれることを、いま、祈っています」

何人もの証言者が、彼女の熱心なプロレスファンぶりを語り、今回の事態が「憧れからの恋路」だったことを印象づけた。同年4月14日、2度目の公判が開廷。主にHの弁護側の陳述で公判は進んだ。

「公判中、突然、弁護側が『週刊ゴング』(03年3月7日号)を持ち出し、ページを開いたんです。誌面には、棚橋が復帰戦で中西学をスープレックスで投げている写真が載っていた。弁護側が、『見てください、被害者のこの背中の反りを。見事に湾曲している。このことから、被害を負った背中の傷は、もう完治しているとみていいと思うのです』と発言すると、川口政明裁判長は、『それは、なにがどういう状況になっているんですかね？』と質問した。川口裁判長は東大卒の司法エリートですが、プロレスは勉強の対象外だったみたいで、ジャーマンを繰り出す写真の意味を理解しかねる様子でした」

だが、意外なことに『週刊ゴング』を持ち出した弁護士も、答えに窮したという。

「この弁護士もまた、プロレスには疎かったみたいで(笑)。『ジャーマン・スープレックス……』と言い淀んだところで、意外な方向から助け船が。それは、被告であるHからの指摘でした」

Hが「その技は、ジャーマン・スープレックスというんです」と口にすると、弁護側がその先を促す。それを合図に、Hが「そのまま投げて、ブリッジをしてフォールを狙うんです」「フォールというのは、3つ両肩をマットにつけることで……」「そうすると、棚橋さんの勝ちになるんです……」とプロレス技の解説を法廷で繰り広げるという、不思議な光景が生まれた。

最終的にHには、懲役3年、執行猶予4年の判決が下った。判決文の執行猶予理由には、以下の一文が認められる。

〈被害者が被告人を宥恕《ゆうじょ》（親身な心で罪を許すこと）していること〉

ここで言う「被害者」はむろん棚橋のことである。

「棚橋自身、自分の蒔いた種であることは当然、わかっていましたよ。ただ、プロレスの世界ではモテることは悪いことではない。全国を巡業で回るから、街々に『星（＝彼女）』がいるなんて選手も少なくない。レスラーが放つオスの匂いに引き寄せられる女性は、たくさんいますしね。棚橋の場合は、遊び慣れして女性の扱いが雑になっていたのが原因でしょうね」

実際、棚橋はのちに様々なメディアでこんな述懐をしている。

〈あの頃の写真を見ると、どれも悪相をしています。実際、チャラチャラしてた。高校時代に例えたら、先輩たちがごそっと抜け、「これからは、オレたち下級生の天下だ」って。自分はスターだと勘違いしてしまった。プロレスに対する悪いイメージを

つくってしまった。すべて自業自得です〉

「棚橋の解雇」という選択肢はなかった新日本

棚橋が最も怖れていたのは、この事件により新日本から〝解雇〟の処分を受けることだった。自らの身勝手な行為が引き起こした事件により、世間からバッシングを浴びた棚橋は当初、「引退だな。(故郷の)岐阜の山奥で、炭でも焼いて暮らすしかないって」とプロレスを諦める覚悟もしていたという。

X氏によれば、新日本内部では、不祥事を起こした棚橋の解雇を強硬に主張する選手が一人だけいたという。

「会社の幹部に直談判した若手選手がいたんですよ。『こんな不祥事を起こしたら普通、クビですよね?』って。社内では有名な話なんですが、そう訴えた選手のほうも派手に遊んでいたんですよ(苦笑)。だって、のちに道場にファンの子を連れ込んで、フェラチオをさせている姿が寮内の防犯カメラに映っていて、みんなにバレたほどですから。そいつ以外にも、やらかしそうな人間はほかにいっぱいいましたからね。棚橋はケガで欠場も多かったけど、華があった。まだ若手の域をでない選手でしたが、将来、新日本のエースになる素材と期待しており、会社に棚橋の解雇という選択肢は初めからありませんでした。ただ、事件化して世間の目があったので、どの程度の処

分を下すか、その判断が難しかったのは確かです」

棚橋が入院中、岐阜から両親も病室に駆けつけた。大きな失敗をしでかした息子をひと言も責めることなく、ただうなずくだけだった。棚橋の父は、見舞いを終えたあと、会社の上層部の面々を訪ね、頭を下げて回ったという。

結局、新日本は棚橋を解雇しなかった。父は棚橋に、こう言い聞かせた。

「新日本プロレスに借りができた。必ずご恩返しをしなさい」

02年12月20日、棚橋は事件以来、初めて公の場に姿を現した。新日本の事務所で記者会見を行ったのだ。自慢の長髪をばっさり刈り、棚橋は坊主頭になっていた。

「背中に傷は残ってしまいましたが、これは僕が一生背負っていかなきゃいけない傷です」

そう言うといきなり立ち上がり「みなさんにぜひ見ていただきたい」と白のTシャツを脱いで、上半身裸となり、傷が残る背中を報道陣に向けた。背中には生々しい二つの傷痕があった。それは文字通り、「これからは、この刺された傷を背負って闘う」という悲痛な決意だった。

「あの会見で、世間への禊は済みました。棚橋も覚悟を決めたようで、この会見以降、すぐに動き出した。03年の1・4東京ドーム大会での復帰をぶちあげたんです。ドームでは蝶野正洋&中西学vs天山広吉&小島聡というタッグマッチが決まっていましたが、棚橋は『蝶野か中西の代わりに自分が出たい』と訴えたんです。このときの小島は全日本プロレス所属としての参戦でした。02年1月に新日本を退団し、武藤全日本に移籍したばかりだった。つまり〝外敵〟であり、それを、背中に傷を負った棚橋が新日本サイドとして迎え撃つ、というかなりドラマティックな組み合わせではありました」

小島は、「相手は誰でもいい」とし、そのパートナーの天山は、「棚橋がどうしてもやりたいというなら、こっちは2vs3でもかまへんよ」と返したが、まず蝶野が「直前まで考えさせてほしい」とし、中西は「そんなに簡単な相手じゃない」と反対。結局、前日の1月3日まで可能性を残しながら、ここでの棚橋復帰は幻に終わった。

刺傷事件の当事者として世間から好奇の目が向けられるなか、棚橋の驚くべき自己アピールぶり。むしろ、騒動を利用し、「あの刺された選手が出るのか」と、世間の注目をドーム大会に集めようとしていたようにも見える。

長州に「老人みたいな試合しやがって!」と激怒された棚橋

棚橋がここまで振り切れた裏には、2人の偉大なプロレスラーの存在があった。

「棚橋が入院中、あるレスラーから病室に花束が届いたんですが、そこに紙切れが挟まっていることに気づいたそうです。そこには肉筆で短くこう書かれていました。

『人生は長い。あきらめずに頑張れ』と。送り主は長州（力）さんです。そのときは長州さんは新日本を退団していたんですけどね」

棚橋は長州からのメッセージを『デイリースポーツ』（10年1月11日付）でこう振り返っている。

〈その紙切れに、グッと来ましてね。短い言葉だったんですけど、そのお陰で潰れなかった。その生命力が、いまに生きてるんじゃないですか〉

X氏によれば、長州は棚橋のプロレス入りの際にも、将来を見据えた気遣いの言葉をかけていたという。

「棚橋は98年に入門テストを受けてるんですよね。合格したんですが、当時立命館大学法学部の3年生だった棚橋は大学を中退しての入門を希望していたんです。それを長州さんが一喝したそうなんですよ。『大学をちゃんと卒業してから来い』と。ただ、棚橋はそれまで入門テストに2回落ちていたんです。大学卒業まであと1年半。もしかしたら、なかったことにされてしまうかもしれないと、中退してプロレスに身を投じようとしたんです」

だが、長州は「この世界は、何が起こるかわからないんだぞ！」と棚橋に説いた。

「入門したものの、不運なケガや上下関係の厳しさなどでデビューできずに去った新弟子は星の数ほどいます。長州さんの言葉は、棚橋の将来を慮ってのもの。思いとどまった棚橋は卒業までの1年半、いままで以上のトレーニングで鍛え上げ、入門時点で、すでに身体はできあがっていました。

ちゃんと大学を卒業してから、棚橋は晴れて入寮しました（99年4月）。そこからは、順風満帆でした。99年10月に後楽園ホールで真壁伸也（現・刀義）を相手にプロデビューした際には、入場時に客席からどよめきが起きましたね。それは、『新人なのに、この身体かよ』という、ファンの驚きでした。筋トレオタクでもある棚橋は、晴れの舞台に合わせ、完璧に身体を仕上げてきました。腕と太ももの太さ、大胸筋の張り、シックスパックの腹筋と新人離れした肉体に、目の肥えた（後楽園）ホールのファンもビックリしたわけです」

肉体だけではない。ヤングライオンながら、同期の柴田勝頼、井上亘とくらべ、試合を紡ぐセンスもピカ一だった。

「学生時代から、棚橋はRWF（立命館プロレス同好会）のエースとして関西の学生プロレス界では、その名を知られた選手でした。ライバルのDWA（同志社プロレス同盟）のエースだった（レイザーラモン）HGとは、名勝負を繰り広げていました。ただ、当時の新日本では学生プロレス出身という経歴は〝御法度〟だったので、当時は立命館大学レスリング部出身という情報がアナウンスされていました。実際は、RWFの練習でレスリングを教えてもらっていただけだそうです（笑）」

学生時代から観客の前で試合をこなしていただけに、慣れもあったのだろう。うまく相手の流れに合わせ、最初からそつなく試合をこなしていた。だが、先輩から雷が落ちたのはそんな時だった。

「長州さんですよ。『貴様！　老人みたいな試合しやがって！』と激怒したそうです。猪木さんの時代から伝統的に、新日本の若手は第一試合で技術よりも、気合いや気迫を見せて観客の気持ちを盛り上げるのが役目です。極端に言えば、殴る蹴るだけでもいいんです。学生プロレスをやっていた棚橋は、そこをはき違えていたんです」

棚橋が「若手時代、一番堪えた言葉だった」と語ったほど、胸に突き刺さる出来事だった。

「よかったなあ。金をかけずに有名になれて（笑）」（猪木）

棚橋のプロ意識を変えたもうひとりの男は、新日本の創始者であるアントニオ猪木だった。X氏は、苦笑いしながら事件後に猪木が棚橋に放った言葉を振り返る。

「猪木会長が事件後の棚橋と会ったときの言葉、すごかったそうですよ。『よかったなあ。金をかけずに有名になれて（笑）』ですからね。さすが猪木会長ですよ。会長も女性スキャンダルは多かったですから」

女優・倍賞美津子との結婚中に起こした六本木ホステスとの不倫疑惑、裸の丸坊主、そしての離婚……。そんな数々のスキャンダルを自らの糧にしてきた猪木は、棚橋にこう説いたという。

「うじうじするな。スキャンダルはチャンスだぞ。いま、誰もがお前に注目してる。だからこそ、それをパワーに変えていくんだ」

棚橋自身も、このときの心境の変化を『日刊スポーツ』(03年2月12日付)でこう語っている。

〈いままでが順調だったので、打たれ弱かったのかもしれません。いつもみんなに悪く思われないようにと考えて。でも今回のことで、言いたいヤツには言わせておけと、いい意味で、ずぶとくなれました。(中略)開き直れた。事件で世間に名前を憶えてもらった。レスラーとしてプラスになったと思えるようになりました。猪木さんの「スキャンダルを活かせ」の言葉通りです〉

棚橋が刺傷事件でプロレスラー生命の危機に直面した際、猪木は進んでサポートを買って出てくれたという。

「事件のあとにPRIDEの福岡大会(02年12月23日)があったじゃないですか。猪木さんはPRIDEの広告塔だったこともあって、棚橋を会場に呼んで話題をつくってあげたんです。猪木さんは棚橋をなんならPRIDEで試合をさせようとするくらいの勢いでしたけどね(笑)。棚橋をPRIDEのリングに上げて、『泣かす男が悪いのか、泣いた女が悪いのか、刺しつ刺されつ玄界灘』と言って棚橋に闘魂ビンタを放ちました。猪木さんは、やっぱりこういうスキャンダルを起こすヤツが好きなんですよ。どんな形であれ、世間に知られることはプラスという考えですからね」

元祖スキャンダル男のアントニオ猪木は、さらに過激な演出を目論んでいたという。

「猪木さんは『事件があったときに棚橋が乗っていたスクーターはあるのか？』って新日本のスタッフに聞いたみたいです。『血のついたジャンパーもあるか？』とも。どうやらあのジャンパーを着た棚橋を、あのスクーターに乗せてＰＲＩＤＥ福岡大会の会場の花道から登場させようとしたんですよ。結局やりはしませんでしたけど、猪木さんらしい不謹慎なアイデアですよねぇ。クビにもしなかったし、猪木さんが復帰までの道筋をつくってあげたりしたことで、棚橋も救われましたよね」

その後、棚橋は新日本の押しも押されもせぬエースに成長。12年、猪木と『週刊プレイボーイ』（12年1＆2合併号）誌上で対談した。二人のやり取りを一部紹介しよう（以下、〈〉内のみ同誌より）。

〈「相変わらずモテてる？」（猪木）

「おかげさまで、いいモテ方をしてます。健全なモテ方を（笑）」（棚橋）

「別れ方を教えなきゃな、俺が（笑）」（猪木）〉

猪木が昔のプロレス業界を大きなピザパイに例え、いまはたくさん食べられてしまい、小さくなったピザパイを業界全体が食い合っている状態と嘆いたとき、棚橋がこう返したのは語り草だ。

〈「じゃあ、僕が新しいピザパイを持ってきます、絶対に!」(棚橋)

「ほう、いいじゃない」(猪木)〉

対談の最後は猪木の尖ったジョークで締められた。

〈「今度飲むか。刺しつ刺されつで。ダーハッハッハッ!」〉

この当時、猪木はすでに新日本から離れていた。経営難に陥っていたことで、猪木は保有していた新日本の株式をゲーム会社ユークスに売却(05年)。その後、猪木はプロレス団体IGFを立ち上げたが、古巣の新日本とは何かと衝突することが多く、棚橋の進言で新日本の道場に飾ってあった猪木のパネルは取り外された。猪木の言葉で覚醒した棚橋が〝脱・猪木〟を試み、新たなファン層を開拓して〝猪木以後〟の新日本をつくり上げた(その後、23年9月に行われた猪木の一周忌法要で、棚橋は自らの手で再び、猪木のパネルを道場の壁に掲げたことを明かした)。

愛の重要性に、刺されて気づいた棚橋が叫ぶ「愛してま~す!」

あの事件から22年経ったことでオールドファンの記憶からも薄れ、いまでは棚橋の背中の傷の存在すら知らない新規ファンが増えた。そんななか、一度だけ新日本のリング上でこの傷痕に触れられたことがある。12年の10月9日、棚橋がＩＷＧＰ王座を防衛した直後、高橋裕二郎がリングに登場し、こう言ったのだ。

「お前にはよ、もう一つ、消せない過去があったよな！　あの10年前の事件はよ、まさに男の勲章だよ！　俺もよ、刺されるほど、女に愛されてみてぇなー」

裕二郎の〝R指定男〟という好色キャラの設定を生かした次期王座挑戦へのアピールだった。裕二郎のビーンボールを、棚橋はまっすぐに打ち返す。

「過去は消せねぇ。けどな、ぜんぶ背負って、生きてくんだ。新日本プロレスも俺は背負っていくから！」

試合後のコメントブースに現れた棚橋はこう総括した。

「(過去は)消せないけどさ、背負ってやっていけば、少しでも認めてくれる人がいるから。頑張ります！」

その後、棚橋はファンに認められたのか。最後にX氏はこう語った。

「その答えは、47歳になったいまも新日本のリングの中心にいて、大きな歓声を集める姿にあるんじゃないですかね。さすがにＩＷＧＰのベルトは19年以降、巻けていませんが、世間的なエースはやっぱり棚橋ですよ。地方興行になると、その知名度の高さに改めて気づかされますから。動画配信のおかげもあって、いまや棚橋ファンは世界中にいる。あのスキャンダルを糧にプロレスに集中して頑張ったからこそ、新日本はV字復活を遂げたんだと思います。これから円熟味を増すなかで、彼がリングに立つ〝ありがたみ〟は、さらに増していくんじゃないですかね」

愛を軽んじて背中を刺された男は、そのことで愛の重要性に気づいた。だから、今日もどこかのリングで叫ぶのだろう。「愛してま〜す！」と。

平成プロレス10大事件❾

〈平成12年〜平成21年〉

新日本プロレス「暗黒期」と「身売り」

平成プロレス10大事件❾
新日本プロレス「暗黒期」と「身売り」

「『猪木事務所』は私服を肥やす人間の集まり」

告白

田中ケロ

取材・文●瑞佐富郎
撮影●山田南星

PROFILE

田中ケロ

たなか・けろ●1959年、愛知県生まれ。本名、田中秀和。80年、新日本プロレス品川大会のジョージ高野vs荒川真戦でリングアナデビュー。以後「世界一のリングアナウンサーになる」をモットーに、2006年に退団するまで新日本の顔的な役割を担っていた。コールに前口上を挟んだり、パウンドではなく身長、体重でコールするなど、新しいリングアナ像を築いた。

1980年8月22日のリングアナデビュー後、数多くの選手をコールしてきた田中ケロ。幼い頃からプロレスが大好きで、高校時代の学園祭では「ミル・タナカラス」としてプロレスの試合を行い、見えないロープで跳ね返る演技が大受けしたという。定期採用がなかった新日本プロレスに潜り込もうと、「日本におけるプロレス経営」という卒論テーマを携え、新日本本社を訪問した。そこでリングアナを募集していることを知り、2度目は履歴書を持って熱意を伝えた。

新日本入社時、選手のコールは日本プロレス時代から続く機械的な選手名の読み上げだった。「これならテープレコーダーでも変わらない」と、入社4日目に思った。誰もが憧れるリングアナ像をつくろうと決意した田中は、髪を伸ばし、目立つ服装に変えた。

当時、テレビ中継時にしかなかった選手入場曲の演出を、ほかの会場でも味わってほしくて、ラジカセのスピーカーにマイクを押し当てることで全選手の曲を流したのが田中だった。さらにコールする選手の体重をパウンドからキロに改め、外国人選手やスター選手のエピソードを口上で紹介。それは新日本の新たな名物となった。

そんなプロレス愛、新日本愛に満ちた田中が、新日本の今回の取材テーマである「暗黒期と身売り」について話す前に、関係者でもごくわずかな人間しか知らないという話を明かしてくれた。

「90年代の半ばくらいですかね、オウム真理教が騒ぎになっていた頃の東京ドーム大会で、こんなことがあったんです。会社のトップの人間から『オウムの幹部が来ているから、なにかあったらお客さんを誘導して退避させてくれ』と言われました。公安警察も会場でマークしていたそうですが、そのオウム幹部はプロレスが好きで観に来ていたみたいです。新日本の歴史のなかで、何度かあった暴動騒ぎのときもそうですが、自分は、お客さんを守る、お客さんのため、という立場で常に最前線にいたと思います」

新日本低迷の原因は格闘技に対する猪木の「嫉妬」

田中が新日本に入社してから25年目、2005年の11月、新日本はユークスへの身売りを発表した。その翌12月、長いリングアナ生活で、田中は初めて声帯を痛めたという。

「緊張の糸が、切れちゃったのかな……」

そして、身売りからわずか3カ月後の06年2月、田中は新日本を退団することになる。新日本の歴史のなかで、まさしく大事件となった〝身売り〟。その前触れは90年代中盤以降の、K－1、PRIDEの台頭だったと田中は語る。新日本が迷走し始めていたあの時期をどう見ていたのか。

「K-1がスタートする前、佐竹雅昭vsウィリー・ウィリアムス戦（91年6月4日、代々木第2体育館『USA大山空手vs正道空手 5対5マッチ』）のリングアナをしたことがあるんです。石井（和義）さんが僕のことを買ってくれて。でも、そのときはK-1があれほどのブームをのちに起こすとは思わなかった。

石井さんはとても新日本が好きで、K-1というのはとにかく新日本を意識していました。東京ドームの興行でも、観客動員数をいつも新日本より多く発表していましたよね。たとえば、猪木さんの引退試合（98年4月4日）の7万人よりも、多く発表したり（02年12月7日、『K-1 WORLD GRAND PRIX 2002決勝戦』、観客7万4500人）。猪木さんのときは、とにかくセットを小さくして外野のギリギリまでお客さんを入れてるのに、K-1はステージをつくって外野も潰してるんだから、上回ることはありえない。実数では、いまだにドームで一番の集客は猪木さんの引退試合だったと聞いています。国立競技場（02年8月28日、『Dynamite!』）だって、発表は9万人でしょ？ サッカーが多くて5万5000人ぐらいなんだから、アリーナ席を足したってそんなに入るわけない（笑）。

とはいえ、K-1には、周到なプロデュース力があったと思います。98年のナゴヤドーム大会（7月18日）にゲストリングアナとして呼ばれたことがあるのですが、演出のリハーサルが長いのにビックリしました。演出家さんがいて、それぞれの大会でテーマを持って演出していることも面白かったですね。そのナゴヤドーム大会のテーマは『宇宙』だったと思います。

新日本のドーム大会のリハーサルは、音響さんと照明さんのタイミング合わせが中心で、あまり長くなかったです。いまの新日本がどうなっているかはわかりませんが、基本的に自分は、興行というのはライブで生き物だから、プロレスならではの、そのときの感性でやればいいと思っています。だから、こういう差から新日本の動員力が落ちたとは思ってないです」

田中が新日本凋落の原因としたのは、格闘技の急伸そのものではなかった。格闘技ブームによる、オーナー・猪木の心変わりだったという。

「嫉妬です。猪木会長のなかに、どこか当時話題を集めていたPRIDEやK－1に対する嫉妬があった。日本の格闘技のトップは猪木じゃないといけないというプライドがあったんだと思う。ほかに話題を取られたことで、PRIDEと同じようなことを新日本に求めた。『お前たち、あれを超える闘いを見せろ』と新日本に押しつけたというか。その辺の意識の違いが、新日本や選手たちと猪木会長の間にあったんじゃないかと。ファンも戸惑ったと思います。プロレスを観たいのに、格闘技みたいなものを観せられて、その温度差がお客さんが離れていった原因の一つじゃないかと思ってますね」

この猪木の意向を受け、新日本の選手たちは、次々と格闘技のリングに上がらされていった。小原道由（vsヘンゾ・グレイシー・01年11月3日、vsケビン・ランデルマン・02年9月29日）、永田裕志（vsミルコ・クロコップ・01年12月31日、vsエメリヤーエンコ・ヒョードル・03年12月31日）、中西学（vsＴＯＡ・03年6月29日）。この全員が討ち死にして帰ってきた。

「前の新日本なら、『こっちのほうがすごいことやってるんだ』って、新日本独自のスタイルで対抗したけど、猪木さんがＰＲＩＤＥのエグゼクティブプロデューサーになったり、Ｋ-１vs猪木軍の対抗戦をやったり、積極的に向こう側に協力しましたよね。それが残念だった。猪木さんはＫ-１、ＰＲＩＤＥに対して嫉妬心を持つのではなく、自分がつくった新日本に対してもっと自信を持ってほしかった。『もっと新日本を信用してください。なんちゃって格闘技をやらなくても、十分新日本の選手たちの試合は面白いですよ。なんたって、みんな猪木会長のイズムを受け継いで、道場で厳しい練習してきた選手ばかりじゃないですか』と、猪木さんに対して思ってましたね。それは自分の本音ですよ。

大晦日に勝利した安田忠夫（vsジェロム・レ・バンナ・２００１年）のように、戦果を残した選手もいます。その勢いそのまま、翌年2月には、安田はＩＷＧＰを獲った。でも、それが新日本ファンには受け入れられなくて、とくに人気を生むわけじゃなかった。強い、弱いじゃない。安田は王者というタイプではなかったんですよ。試合を引っ張れる選手じゃなかった。気の毒に感じましたよ。まあ、〝借金王〟というキャラだけはリアルだったんですけど（苦笑）。よくスタッフから金を借りていましたよ。僕は個人的に貸したことはなかったですけど。というのは、僕は会社とのパイプ役だったから、むしろ安田の前借りの要請を、よく上層部に上げていました（笑）。でも、憎めない、いい男でした。

ＩＷＧＰ王者になったなかでは、藤田和之もそうかな。根は本当にいい男なんですよ。新日本を辞めて、ＩＧＦで胸襟を開いて話したときに、『ＩＷＧＰ王者時代はずいぶん悩んだ』って言っていました。経験が浅いのに、いきなり王者になったという戸惑いですよね。だから、同じくいきなりトップでやらされていた、『小川直也の気持ちも、よくわかる』ってかばっていましたよね」

「アルティメットロワイヤル」は地獄絵図

同時に、逆の流れも試行された。総合格闘技の選手を、新日本のリングに上げるという試みだった。

「あの頃は、あまりにもＫ‐1、ＰＲＩＤＥを意識しすぎちゃったんですよ。それが猪木さんの本心だったのか、周りが焚きつけたのかはわからないですが。

LIMAX 2
Presented by プロミス

G1
STAFF

00年代前半にマッチメイカーを務めた、上井（文彦）さんの格闘技志向が強かったのも、個人的には間違いだったと思っています。総合の選手がプロレスのリングに上がっても、『なんちゃって格闘技』ですからね。総合のバトルロイヤルなんて地獄絵図でした。えぇ、あの、悪名高き、『アルティメットロワイヤル』（05年1月4日、東京ドーム）です。

あのアイデアは猪木さんからのものでした。猪木事務所から『総合のバトルロイヤルやれ』っていう話が来たんですけど、できるわけないでしょう！ 僕はものすごく抗議しましたよ。全員が反対でした。そもそも、総合って後ろから殴られたら終わりじゃないですか。それなのに、選手が入り乱れるバトルロイヤルなんて……。リング上の選手全員が猪木さんならできたと思いますよ、プロレスの天才ですから。けど、格闘技系の選手にそんな技量はないんですよ。選手にバトルロイヤルのルールを教えて、時間差でリングに入るという取り決めも足して、少しでもなんとかなるようにしようとしたけれど……結果は観ての通り。すごく嫌でしたね。

余談ですが、パラオで試合したとき（04年11月16日、パラオ・アサヒスタジアム）、成瀬昌由vs矢野通というカードがあって、試合前に猪木さんが『総合みたいな試合をしろ』と言ったんですよ。成瀬と矢野は嫌がったんですけど、総合っぽい試合をしてみたら全然会場が沸かなかった。それよりも、邪道・外道がプロレスをやった試合のほうが沸いたんです。どっちのほうが喜ばれたかは一目瞭然で、猪木さんの考えはちょっとズレちゃっていたのかなと。『闘いを見せろ』ということなんでしょうし、意図はわかるんですけど、あの頃が一番、猪木さんと新日本がギクシャクしていた時期なのかもしれない」

猪木事務所からの〝マッチメイカー〟に月300万円

暗黒期とされる00年代の新日本。問題はリング上だけではなかった。むしろ、リング外に大きな災いの元を抱えていたのである。それが、98年5月、猪木の引退直後につくられた、「猪木事務所」だった。

「新日本とは別枠の、猪木さんの個人事務所的位置づけでした。『猪木さんがこう言ってるから、この選手を使え』と言ってマッチメイクに介入してくることなんてザラでした。一言で言えば、新日本の名前を使って横から金を儲けようとするヤツらの集団でしたね。

当時、猪木事務所所属だった藤田くんなんて犠牲者の最たるもので、彼が総合格闘技や新日本に出ると、猪木事務所にギャラを相当持っていかれていました。藤田くんに渡るのはその一部。中抜きされていたんです。それで藤田くんがリングに上がれば上がるほど、猪木事務所のBさんの車がグレードアップしていく。当時の総合のギャラはすごかったですから。その話はよく聞きましたよ。

あとは、猪木さんが当時、ご自分の所有するパラオのイノキアイランドによく行っていたじゃないですか。それを追って、マスコミの人たちがパラオ本島からイノキアイランドまで船で渡るとき、本当は無料なのに、猪木事務所のIさんが、マスコミからお金を取るんです。渡航料として1人1万円。あとから記者の人たちに聞いてびっくりしたけど、結局、私腹を肥やしたいだけなんですよ。

05年の9月ですか、『うち（猪木事務所）からマッチメイカーを新日本に一人入れるから、月300万円出せ』って言ってきたこともあったなあ。で、澤野くんって、猪木さんが最初に国会議員をやっていたときの公設秘書だった子が入ってきたんだけど、ただのお飾りでかわいそうなんですよ。誰も彼のマッチメイクに従わないし。でも、その名目で猪木事務所が月300万円も持っていくんです。そのお金も、澤野くんに入るわけでもなくてね。

猪木さんをかばうわけじゃないですが、猪木事務所や、あそこから送られてきた人が、『猪木会長がこう言ってるから』って介入して、お金を持っていくということが多かった。猪木さんが、実際に言ってないのにですよ。そこには必ず、猪木事務所の利益、または個人の利益というものが入っている。この選手を使ったら何パーセント抜けるとかね。

さきほど、『なんちゃって格闘技なんてやらせず、もっと新日本の選手を信用してください』と、猪木さんに伝えたかったと言ったでしょ。その考えは、口にも出していたんですけど、そうすると僕の発言をひん曲げて猪木会長に伝える方がいたみたいで、『ケロが猪木会長の方針に文句つけてますよ』ということになる。それで、『お前、俺のこと嫌ってるらしいな』って、猪木さんに直接言われたことありましたもん。それは、猪木事務所というか、少なくとも猪木さんとの間に入った人物の悪意ある差し金ですよね。

さらに混沌としたのが、ちょうどこの頃、WJが崩壊して長州さんが現場監督に復帰しましてね。長州さんは格闘技的な試合ができないから、プロレスをするしかない。でも、トップの猪木さんから言われたら、格闘技的なカードも組まなきゃいけないという葛藤がものすごくあった。格闘技のできる選手と、できない選手がいましたし、現場監督復帰でもうグチャグチャな状態ですよ。誰が長州さんを戻したのかわからないけど、選手からは『なんでまた帰ってきてマッチメイクするの?』って猛反発があり、かつそこに猪木事務所の人間が絡んでましたから」

最悪だった草間政一の社長就任

04年、杜撰な金銭の流れを透明化するため、ついに荒療治が行われた。6月の株主総会で、草間政一氏が新日本の新社長に選任されたのだ。草間氏は、さまざまな企業でコストカットに辣腕を振るった、いわば財務のプロであった。しかし……。

「最悪でしたね。失敗だったのは、最初に上井（文彦）さんが草間さんをリングに上げて挨拶させてしまったこと。それで、本人がスターだと勘違いしちゃったんです。本質が、すっげえ目立ちたがり屋だったんですよ、選手でもないのに。プロレスのこともなにも知らない。社内であの人の言うことを聞こうとする人、誰もいませんでしたからね。ただ、ある意味でかわいそうでもありました。なにもわからない業種の社長を急にやらされて、数字だけを求められてね」

草間氏は、全国紙に求人を出したり、04年のG1クライマックスでの優勝パレード（優勝は天山広吉）、イタリア遠征の敢行など、新機軸を次々と打ち出した。だが、草間氏が新日本内で孤立していたことは、筆者が00年代に取材したサイモン猪木氏の以下の発言でも明らかだった。

「そもそも、草間さんのやり方に対する選手の反発がすごくて。『草間が社長を続投するなら、選手全員ボイコット』というような流れまで出ていたんです。もちろん僕はアメリカにいたから、伝え聞くレベルではあるんですが。反草間派の急先鋒？　蝶野（正洋）さんとか永田（裕志）さんとかですね。スタッフの間にも、同様の不満があったと聞きました。草間さんが嫌われた理由は、選手との心の断絶です。なんでも自分だけで進めてしまうというか。なにかを決定するのに、一切選手に説明せずに実行していたんですね。コミュニケーションが皆無というか。その辺を気をつけていれば、少なくともボイコットだのストライキだのという発想は、選手側から出なかったと思います。

イタリア遠征も、やっぱり失敗だったか、という感じで。かかる経費……たとえば猪木さんはファーストクラスなわけだし、主力を何人も連れていって、動員が大きくなければペイできないわけですから。草間さんについては、いきなりやって来て、手が合わないことを言い出すわけですから、当時は、僕も気に食わないというのはありましたよ」

草間氏が嫌われていたこと自体が、05年5月にサイモン氏が社長に就任する要因だったという。以下は再び、サイモン氏の発言である。

「草間さんと選手たちの間の軋轢を説明するために、ニューヨークにいた猪木さんに会いに行ったんです。『草間さんがこのまま社長じゃ、ヤバイことになりますよ』と。じゃあ誰が次期社長をやるのがいいかという話になった。僕からは山中（秀明）さんや倍賞（鉄夫）さんの名前を出したんですが、猪木さんは、その二人では納得がいかなかったみたいで。結局、猪木さんが、『草間でもう1年やらせるか……』と。瞬間、『草間さんがもう1年やるくらいなら、僕がやります！』と叫んでしまったのが真相

なんですよね。勢いで社長に就任してしまったんです。猪木さんから了承を得たとき
の気持ちは、『言ってはしまったけれど、どうしよう……』というのが本音でしたね。
社長の顔が変わっても、フロントへの不平が止まらない選手もいました。K選手と
かね。『選手は頑張ってるのに、フロントは頑張ってないやないか！』みたいな。山
中さんに対して、『俺ら選手の名前、全員まで覚えてないでしょう？』って、すごん
でいたのを思い出すなあ……。

社長になってまず驚いたのが、新日本の経理の本当の実態を知ったときでした。火
の車だった。いまでこそ当たり前になっていますが、巡業をバス移動にしたのは、実
は僕なんです。というのも、経費がかかりすぎていて、もう、削れるところから削っ
ていかないとまずい、という感じだったんです。それまでの巡業は、基本は新幹線で
のグリーン車移動。バスは空のまま駅に着いていて、そこから会場に選手を届けるた
めのものでした。それに、たとえば北海道には飛行機で移動して巡業バスは同行しな
いんですが、すると、空港から、北海道の主要会場である『北海きたえーる』に行く
のにどうするかというと、ほぼ一人1台でタクシー。しかも、結構距離があるんです
よ。これじゃあとても経費は抑えられません。そういう移動に慣れきっていた選手に
は申し訳なかったですけど、削れるところから削っていかないと、という気持ちでし
た。だから、僕が社長になって以降は、大物のフリー選手も、ほとんど使っていない

はずですよ。外の選手に払う金などなかったからです。

ただ、自分が社長になって、草間さんの言ってる意味がわかる部分はありました。実際に全然働いてない社員がいたりね。草間さんが新入社員を入れた件についても、旧来の体制みたいなのを打破したかったんでしょう。元いる社員を教育するより、自分でイチから教え込んだほうが早いかな、みたいな。

旧来の方式の悪かったところ？　まず、経費の使い方の杜撰さですよね。どんぶり勘定はもちろん、本来、会社を通すべき経費が、それを経ずに好き勝手に使われていたり。普通の会社ではありえないことばかりでしたよ」

ファン投票1位のカードを猪木事務所に変えられた

新日本に参戦するフリーの大物選手の高額ギャラについては、田中も苦汁を飲まされた出来事があったという。そして、メッチメイクへの猪木事務所の介入もあった。

「04年の11月13日に行われた、大阪ドーム大会でのことでした。直前に、マッチメイカーだった上井さんがやめて、自分がマッチメイクを担当することになったんです。メインのＩＷＧＰヘビー級王座戦は、流れ的に王者・天山vs挑戦者・川田利明となっていました。

しかし、新しいものも見せなきゃならない、これからの闘いを見せる投資的な興行

にしようということで、大会前に観たいカードをインターネットによるファン投票で公募しました。すると、中邑（真輔）vs棚橋（弘至）が1位となったので、こちらをメインにすることにしたんです。初めてIWGPヘビー級タイトルマッチをセミに持っていって、若い二人の試合をメインにした。そして、その勝者が翌年の1・4東京ドームで、柴田（勝頼）と対戦するという流れまで決めた。棚橋、中邑、柴田の3人で、これからの新日本のトップを争っていくという図式です。

柴田は、04年の大阪ドームで天龍（源一郎）さんと闘わせることにしました。自分が当時、天龍さんの経営するお寿司屋まで交渉に行ったのを覚えています。ただ交渉するだけなのに、天龍さんの奥さんがお寿司を出してくれて。ガチガチになりながら食べたのを思い出しますね。

ところが、猪木事務所の横ヤリが入った。『それじゃ面白くない。猪木さんはこう言ってる』と。結局メインカードを藤田&ケンドー・カシンvs中邑&中西（学）に、セミを天山&棚橋vs小川（直也）&川田に変えられてしまった。ファン投票1位のカードをあっさりと変えられたんです。すげえショックでした。棚橋や中邑をどうして信用できないんだろうって。目先の刺激じゃなくて、2年後、3年後の安心をつくらなきゃいけない時期だったのに。安定してなきゃ、刺激やサプライズは生まれないんですよ。自分はそれをつくりたかったんです。1年、2年我慢して、しっかりとしたトップをつくっていくと。

しかも、当時の小川さんたちはハッスル軍としての参戦で、ギャラが芸能プロ経由だからバカ高かった。カードを変えなければ、ちょっと黒字になる予定だったんですが、赤字になっちゃったんです。

猪木事務所は新日本の未来よりも、所属の藤田くんをねじ込んだりして、とにかく自分らが潤うようにしようとしたわけですよ。しかも、カード変更を突きつけてきたのは試合の2週間くらい前だったし、スケジュール進行にも大きく影響するわけで、非常に困りました。

自分がマッチメイクしていたときは、必ず猪木さんにお伺いを立てなきゃいけないというのがあって、ロン・ウォーターマンを試合で使うだけで、福岡まで『この選手を使いたい』って説明しに行っていました。けど、『なんでこんなことをしなきゃいけないんだろう』って……。あの頃は全然楽しくない時期でした。見せるほうがこんなに楽しくなんだから、見せられるほうはもっと楽しくないんだろうなと思っていました」

田中のマッチメイカー時代の苦労は尽きなかった。

「この頃はお客さんが入らなくてね。自分は経営に関わっていたわけじゃないから、数字に関しては知らないんですよ。その点、ちょっとノホホンとしていたのかもしれませんね。でも、『お客さん少なくなったよね』ということはもちろんわかっていました。だから、なんとか両国国技館の大会（05年2月20日）を満員にしたくて、全日本プロレスさんに話を持っていったんです。向こうの交渉役はナベちゃん（渡辺秀幸氏＝元新日本のマッチメイク委員長。武藤（敬司）とともに全日本に移籍）で、『ＩＷＧＰと三冠統一ヘビー級選手権で、統一戦をしませんか？』と。当時の三冠の王者は小島（聡）で、ＩＷＧＰ王者は天山。結果、超満員札止めになったのは嬉しかったですね。ただ、試合が……。

最初、3本勝負の予定が、60分1本勝負になったんです。試合は天山が脱水症状で負けるわけだけど、リング上から和田京平さんが、何度もこちらに目で『もう止めていいか？』って聞いてくるんだよね。だから、最終的には僕も目でＯＫしたんですけれど、本当はあの後の展開も考えていたんです。天山と小島がタッグを組んで、棚橋＆中邑の壁になって闘うというような。でも、脱水症状で全部パーになっちゃった（苦笑）。

天山は性格のいい子だし、実家が京都の裕福な家庭で、はんなりした言葉づかい。だから一歩間違うと『お前はオカマか！』って思われちゃうんですけど（笑）、個人的にはベルトをずっと持っていてほしかった。でも、この脱水症状事件に見られるように、練習不足の面があったのも確かです。

この頃は、僕もそうですが、蝶野が中心となってカードを考えて外交役もやっていて、全日本さんやノアさんに頼らざるをえなかった。猪木さんは全日本系の選手を出すのはすごく嫌だったみたいですけど、新日本の選手だけじゃ両国やドームクラスの会場がいっぱいにならないという現実がありました。

あと、新日本は円天を使ってタダ券をバラ撒いてる、なんて叩かれたりもしましたね。円天が詐欺で捕まったときは（仮想通貨の『円天』事業を行っていたL&G社が07年に強制捜索、09年に経営者らが逮捕）、坂口（征二）さんと（木村）健悟さんが捕まるんじゃないかと心配しました。

この頃の新日本は暗黒期って呼ばれてますが、もっと新日本の試合に自信を持ってやっていれば、歴史は違った流れになった可能性もあったと思いますよ。そして猪木事務所や、猪木という名前を使って金にする周りの人たちが、猪木さんを焚きつけたり、『猪木が言っているから』というのを盾にして引っ掻き回さなければ……。結果として、暗黒期に株を手放して、新日本から離れることになった猪木さんこそが、一番の被害者だったのかもしれませんね」

ユークス体制になって選手のギャラ予算は半減

そして、運命の日が訪れる。05年11月14日、新日本はユークスに身売りし、子会社化を発表。創業者の猪木所有の新日本株51・5パーセントすべてをユークスが買い取る形となった。この際、同じ猪木所有の株を狙う勢力があり、その〝敵対的買収〟を防ぐために、新日本がユークスに助けを求めたという話がある。以下は、社長という立場で交渉の最前線にいた当時のサイモン氏の証言である。

「いつ頃から身売りの危険があったのかと言えば、僕が社長になった瞬間だったと言っていいんじゃないかな。経理から、『ちょっとお話が……』と言われて経営や負債の現実を知ったとき、すでに瀕死の状態でした。そして（05年）9月頃、〝敵対的買収〟の動きが出てきて、具体的には猪木事務所が、あるIT企業を連れてきて、買収に乗り出すというものでした。

最初に話を聞いたときには、お互いにWIN-WINの関係になると思えるいい話だったのですが、話が進むにつれ、たとえ新日本が存続しなくても、自分たちが儲けられればいいという狙いが見えてきたんです。そう、新日本を潰してでも、自分たちの私腹を肥やせればいいというような。まずいことになったと思いました。新日本の社長としては、団体を守らなければならない。そんななかで思い浮かんだのが、新日本のゲーム開発や携帯サイトの運営でお世話になっていたユークスさんだったんです。ユークスさんの反応？　いやあ、新日本の実状にビックリしていましたね。ユークスさんのなかでも、『買っちゃダメだ』という意見があったくらいですから。

結局、猪木さんに事情を話して了承していただきました。ユークスさんへの感謝の気持ち同様、猪木さんにも手早く対応していただけたと思ってますよ」

当時のファンからしてみれば、ユークスを、新日本を救った〝ホワイトナイト〟とする見方も多く、実際、新日本も表面上はそのまま存続した。だが、裏ではシビアな現実があったという。それはユークスの子会社となった新日本への、厳しい予算の締め付けであった。子会社になってから初の契約更改（06年1月）に臨んだサイモン氏は、当時のことをこう語っていた。

「査定と更改は、僕と菅林（直樹）さんを中心に行いましたが、先に述べたように、経営的には瀕死の状態でした。ですからユークスからは、選手へのバシェット（予算）はそれまでの半分と言われていたんです。いくら選手を残したくても、これでは無理ですよ。泣く泣くギャラの大幅ダウンを選手に提示しました。そして、案の定、多数の選手がやめていきました。残留した井上亘さんも、いったんは『やめる』と言ったはずです。

更改について、ユークスから唯一言われていたのは、『中邑と棚橋だけは、なにがあっても残すように』と。でも、その二人ですら、年棒は上がらなかったと記憶しています。記憶違いでなければ、現状維持程度じゃないかな。それほど苦しかったんです。

僕個人としては、あと、後藤（達俊）には残ってほしかった。ほかにも有望な選手は沢山いたんですが……安沢（明也）は自ら引退を決意しましたし、長尾（浩志）は、そのときはハッスルに行くとまでは明言しなかったけど、自分からやめていきましたね。この契約更改は、社長時代の〝嫌だったことベスト3〟に入りますね（苦笑）。

ブロック・レスナーのドタキャン騒動にしても、要はこのバシェットの問題だったんです。レスナーと契約したのは、新日本がユークスさんに買われる前の、05年10月のことでしたから、そのときの、何試合でいくらという契約がある。ところが、会社の体制が変わり、そのお金を出せなくなってしまった。結果、レスナー側の意向もあり不出場となったんです。形の上ではレスナーのドタキャンですけれど、レスナーからしてみれば冗談じゃないという気持ちもあったと思いますね。

ユークス社長の谷口（行規）さんの印象は、非常に日本人ぽくない人というか。YESとNOがはっきりしている人。ビジョンが明確で、ブレることがないし、そこは安心できるところでしたね。

総じて言うと、ユークス体制になってからの社長業の後半は、〝アンチ猪木〟色が、会議でもはっきりと示されるようになってきたんですね。具体的に言えば、試合でも爆発力や刺々しさのあるカードが、ほとんど組まれなくなった。当たり障りない、丁寧すぎるマッチメイクが多くなっていったんです。たとえばこんなことがありました。06年1月4日の東京ドームで、永田裕志vs村上和成戦を組んだ。すると、明確には覚えていませんが、『激しい闘いは、その試合があるから、もういいじゃん』という意味のことを言われたんですね。

つまり、それまでの新日本は、全面的に闘いのプロレスのなかに、たまに明るく、柔らかいプロレスがある感じだった。ところがユークス体制になってからは、全体的に柔らかいプロレスのなかに、闘いのプロレスが少しあればいいという感じに逆転してしまったんです。僕はたとえ親会社が変わっても、ストロングスタイルなり猪木色は残したいと思っていましたから、どうしてもそういった考え方に相容れなくなっていきました。

ただ、ユークス側がこちらの決定に激しく文句をつけるとか、そういうことはとくになかったです。会社的な流れで、企業として損をしないプロレスになっていった。あえて言えば、ソフト部門でユークスとは昔から昵懇だった菅林さんは、脱・猪木派だったということでしょう。でも、彼にしてもユークスを守り立てなければいけない立場だったわけだし、そのお陰で新日本はいまも存続していて、人気も復活している。菅林さんには感謝しています」

契約更改時、目も見ないで「キミ、いらないよ」

06年の契約更改を経て、結果的に退団する選手が続出。同年6月に退団した藤波辰爾も含めれば、西村修、ヒロ斎藤、後藤達俊、吉江豊、ブルー・ウルフ、成瀬昌由、竹村豪氏、長尾浩志、安沢明也、長井満也、柳澤龍志の計12人の選手が新日本を離れ、そして、その退団者のなかに、リングアナだった田中も加わることとなった。

「K-1、PRIDE、プロ野球、Jリーグ！　いいか、よく見てろ！　これがプロレスのパワーだ！　プロレスは、絶対に負けない！」。これは02年5月2日、東京ドームで行われた蝶野正洋vs三沢光晴戦における田中ケロ渾身の前口上だ。格闘技ブームの波に飲まれて自信を失いかけていたプロレスファンはこの言葉に溜飲を下げた。暗黒期でも新日本を愛し、奮闘してきた田中が、新日本を去ることになった理由はなんだったのか。

「退団にはいろんな理由があります。まず、猪木事務所が強権を発動していた時期に言われたのが、『おまえ、いつまでリングアナやってるんだ？　ずっとリングアナやってたら、出世しねえぞ』。僕は別に出世したかったわけではないんだけど……。猪木事務所にニラまれてましたから、『リングアナやめさせろ』とも。客前に出ていて影響力があるから、それを奪うみたいな感じでしたね。

そして、先の繰り返しになりますけど、『おまえが猪木会長の悪口を言ってるから、猪木会長が怒ってるぞ』とかいう話になって、結果、いろんな部署をたらい回しにされたりとか。左遷というヤツです。反乱分子として、飼い殺しにされていました。

急に『大阪支店長』みたいな肩書きになって、大阪に行かされたりもしました。大阪に行かされたのは、たしか草間社長時代だった思うんですよ。だから、草間さんを社長にしたのも、会社やプロレスのことがわからないから、猪木事務所の言うことを聞くと思ったんじゃないですか。でも、草間さんはそれに気づいてないのか、妙に張り切って空回りしていましたけどね」

82年3月26日、広島県立体育館における生中継の試合で、残り放送時間数分で始まった猪木vsアンドレ・ザ・ジャイアントがわずか1分41秒で終了し（アンドレのリングアウト勝ち）、「テレビの時間内で終わらせた八百長だ」と観客に言われて激怒した田中は、「テレビの中継内に自分の勝利を入れたくて仕掛けた当然の結果」と、数千人のファンに涙で反論した。蝶野の凱旋帰国試合（89年10月13日）が、短時間で不完全燃焼の無効試合に終わると、暴動寸前になった観客の前で、田中は「自分がクビを懸けて会社と話し合います！」絶叫した。

新日本を愛し、暗黒期ですらファンのために奮闘した田中は、猪木事務所が排除されたユークス体制になってからも疑問を抱いていた。

「ユークスさんが入ってきて、いろんなものが機械的になった。会社に人間味がなくなって、人がつくる興行じゃなくなった気がしたんですよね。06年1月のシリーズ名『Circuit 2006 Acceleration』ですよ。このシリーズ名、読めますか？　意味、わかりますか？　誰でも読める、という配慮が欠けてるんですね。

あと、契約更改時のことで選手に聞いたら、対応する人によっては、目も見ないで『キミ、いらないよ』みたいに言われたとか……。そんな会社、嫌じゃないですか？もちろん、数字を追わなきゃいけないわけだから、会社としてはそれが正解なのかもしれないけれど、プロレス団体って、プロレスラーという人を使っているわけだから。人間がリングに上がって、それを観せている商売なんだから。ちょっと違うなって……。とにかく、あの頃は本当にいろんなことがありすぎましたね」

田中の退団表明は06年の1月28日だったが、開幕したシリーズの最終戦、2月19日の両国国技館大会までリングアナを務めた。「主役は選手」が口癖だった田中は、最後の日の試合後、選手に胴上げされた。

去り行く田中に向けて、中邑真輔はスポーツ紙にこうコメントを寄せている。「小さいころから新日本のコールといえば『ケロちゃん』だった。なくてはならない大きな存在だった」（『日刊スポーツ』06年2月18日付）。

ラストコールの日、胴上げ後のセレモニーで、田中は最後まで退団の理由など、私的なことは話さなかった。最後のマイクは、「ご来場ありがとうございました。お気をつけてお帰りください」という、お客を気遣ういつもの言葉だった。

平成プロレス10大事件⑩

〈平成21年〉

三沢光晴がリング上で非業の死

平成プロレス10大事件⑩

三沢光晴がリング上で非業の死

死の恐怖があった〝四天王プロレス〟

告白 秋山準

取材・文●堀江ガンツ
撮影●タイコウクニヨシ

PROFILE

秋山準

あきやま・じゅん●1969年、大阪府生まれ。92年、ジャイアント馬場のスカウトで全日本プロレスに入団。90年代中盤以降は、四天王と並ぶ「五強」と称され、看板レスラーの一人に成長。00年7月、プロレスリング・ノアへ移籍。01年7月には、三沢光晴を破りGHCヘビー級王座を獲得。12年12月、ノア退団。13年7月、全日本に再入団。14年7月、オールジャパン・プロレスリング株式会社の社長に就任（19年退任）。現在もフリーとして現役を続ける。

平成プロレスの数ある重大事件のなかでも、もっともファンに衝撃と悲しみを与えた出来事と言えば、間違いなく三沢光晴の悲報であろう。

2009年6月13日、プロレスリング・ノアの広島グリーンアリーナ大会で行われた、王者組・齋藤彰俊&バイソン・スミスvs挑戦者組・三沢光晴&潮崎豪のGHCタッグ選手権試合。齋藤のバックドロップを受けた三沢は、身体をくの字に曲げたまま動かず、レフェリーストップ負け。そのまま心配停止の状態に陥り、懸命の救命措置も叶わず、同日の午後10時10分、搬送先の広島大学病院で頸髄離断による死亡が確認された。享年46。

ノアの社長兼エースで、プロレス界のトップ中のトップである三沢が、試合中の事故で亡くなったという知らせは、ファンの誰もが「信じられない!」という思いで聞いたことだろう。

それは長年、三沢と同じリングで闘ってきた秋山準も同じだった。

「三沢さんが『キツいな』と初めて言った」

「三沢さんが亡くなられた第一報を聞いたときは、『まさか!』という、それだけでしたね。試合中に亡くなるというのは、ありえないことでしたから。ホントにまさかしかない」

三沢光晴といえば、〝受け身の天才〟とまで呼ばれた名レスラー。どんなに危険な角度で頭から落とされても、ギリギリのところで受け身を取り、その都度、必ず立ち上がってきた。その姿を見続けてきたことで、「三沢さんなら大丈夫」そんな信頼感が、ファンとレスラー双方にあった。だからこそ、三沢が満身創痍に近い状態だったとはわかっていても、まさかリング上で心肺停止状態になるようなことが起こってしまうとは、誰も予想すらできなかったのだ。

しかし秋山は、三沢からいつもと違う兆候を感じていたことを、事故後に思い出したという。

「あの頃の三沢さんのコンディションは、僕から見ても相当悪い感じでした。僕はそれまで、全日本時代から三沢さんがいろんなケガをするところを見てきましたけど、『大丈夫ですか?』って聞くと、いつも平然と『大丈夫だよ』って言ってたんですよ。全然大丈夫そうじゃないのに。ところが、あの年の春ぐらいに、三沢さんが首を痛そうにしていたので、『三沢さん、大丈夫ですか?』って聞いたら、『いや〜、キツいわ』って初めて言ったんですよ。僕は十何年、三沢さんを近くで見てきて、もっとひどいケガもあったんですけど、それでも『大丈夫だよ』って言ってた人が、『キツいな』って初めて言ったんで、これはよっぽどキツいんだなって思いましたね。三沢さんが亡くなったのは、あの1~2カ月後ですから」

もはや、三沢の身体は限界に近づいていたのだろう。しかし、団体のエースであり、社長レスラーという立場が、三沢の試合欠場を許さなかった。また、あのときのノアは3月に日本テレビの地上波レギュラー放送が打ち切られたばかり。団体としては厳しい状況下にあったのだ。

「僕は、三沢さんは休めなかったんじゃなくて、休ませてもらえなかったんだと思いますね。トップが休めないのは、全日本時代から暗黙の了解でしたけど、あの当時までレスラーは、完全に動けなくならないと、休めなかったんですよ。でも、動けなくなったときは、もう手遅れなんですよね」

満身創痍であっても休めない

当時満身創痍だったのは三沢だけではない。ノアで絶大な人気を誇っていた小橋建太は、06年6月に腎臓ガンが見つかり長期欠場。07年12月に546日ぶりのリング復帰を果たすが、その後、右腕遅発性尺骨神経麻痺、両肘関節遊離体などにより、欠場・復帰を繰り返すようになり、三沢の事故があった09年には、メインクラスのカードではなく、身体の負担が少ない興行中盤の6人タッグマッチへの出場がほとんどになっていた。

そしてGHCヘビー級チャンピオンだった秋山準の身体もまた、限界に近づいていた。

「三沢さんが亡くなる前、僕自身も腰のヘルニアがひどくて、広島大会の2日前にあった大阪大会では、もう歩行すら厳しくなっていたんですよ。それで中1日空いたオフに東京に戻って、いつも診てもらっている先生にブロック注射を打ってもらうことにしたんです。その東京に戻る日の朝、ホテルのロビーで三沢さんと会ったとき、『しっかり診てもらってこいよ』と言われたんですけど、その会話が最後になってしまいましたね……。

広島大会では、三沢さんたちの前の試合が僕の試合だったんですけど、試合後に動けなくなって、治療用のベッドで腰を治療してもらっていたんですよ。その最中にみんながバタバタ走り回っていたんで、『これはなにかあったんだな』と思ったら、三沢さんがああいう状態になったということを聞いて。僕もリングに向かおうと思って、花道まで這って行ったんですけど、どうしても動けなくて、そこまででしたね。あの翌日、僕はタイトルマッチが決まっていたんですけど、もう試合ができない状態だったんで欠場したんですよ。こんなときに、なにもできない自分というのが、腹立たしかったですね」

満身創痍だったトップレスラーたち。それもあって、三沢は欠場どころか、メインイベントクラスで闘い続けなければいけなかった。

三沢の右腕だった故・仲田龍ノア渉外部長（当時）は、あの頃の状況について、三沢が亡くなったあとに行われたインタビューでこう語っている。

〈三沢社長の試合を、メインとかセミじゃない、真ん中ぐらいまで持っていって、休ませてあげたかった……。でも、年間契約を結んでいるG+さんや、（FIGHTING TV）サムライさんからは、『ソフト価値を落とさないでくれ』と言われるわけです。三沢社長が存命中に契約した売り興行に関しても、『三沢さんが出なくてもギャラは一緒なの？』という話も出てくる。だから、三沢社長は第一線で戦い続けたんです〉

（『Number PLUS プロレスに殉じた男 三沢光晴』文藝春秋「仲田龍・和田京平クロスインタビュー」より）

満身創痍であっても休もうにも休めない。メインイベントで闘い続けなければいけない。広島での事故は、そんな最中に起こったのだ。

「四天王プロレス」を否定した理由

長年の激闘によって蝕まれていた肉体。

90年代にプロレスファンを熱狂させた〝四天王プロレス〟の代償は、あまりにも大きかったと言える。

秋山は全日本時代の後期、三沢、川田、田上、小橋の四天王とともに、〝全日本5

強〟と呼ばれていたが、危険な大技を繰り出し、極限まで戦う四天王プロレスを、いち早く否定した人間でもあった。

「このままいったら、死んでしまうんじゃないか。一歩間違えたら大変なことになるっていう思いがあったんですよ。（激闘が続くことでの）身体への影響がみんなに出ていましたし、自分にも出てましたから。だから、ファンの人たちに喜んでもらえるような激しい試合は必要ですけど、そこまでやるのはちょっと違うんじゃないかっていう思いは、僕のなかではありました。四天王プロレスというのは、『もっとすごい技を出したら、もっとファンの方によろこんでもらえるんじゃないか』という思いからできあがったものだと思うんですよ。でもその先に、喜びが悲しみに変わることがあっちゃいけない。このままいったらどうなるのか、という恐怖心もあったので、『違うアプローチをしなければいけないな』って思ったんです。だから当時よく『（四天王と）同じ山は登らない。違う山を登る』と言っていたのは、そういう思いがあったなかでの発言でしたね」

そして秋山は、全日本を退団し、ノアに移籍すると、その思いを行動に移す。00年8月5日に行われたノア旗揚げ戦のメインイベントで、秋山は小橋と組んで三沢＆田上明組と対戦すると、フロントネックロックによりわずか2分で、三沢を失神させてレフェリーストップ勝ち。さらに翌6日に行われた小橋とのシングルマッチでもフロントネックロックを極め、小橋から初勝利を奪ったのだ。

全日本時代は、四天王がらみのタッグマッチでは、死力を尽くして30分以上闘うような試合が当たり前のようになっていたなかで、〝秒殺〟は異例中の異例。さらに総合格闘技の匂いのするサブミッションでの勝利も、3カウント決着が基本だった全日本時代はほとんど見られないものだった。

秋山はこういった試合をすることで、四天王プロレスを求めるファンの意識を変えていこうとしたのだ。

「ファンの人たちの期待には、もちろん応えていきたいんですけど、プロレスラーはサイボーグじゃないですからね。当時、ガンガンやりあったあと、試合の途中で大の字に倒れていたりすると、よくお客さんから『休むなー！』という声が飛んできてたんですけど、『いやいや、人間だから』って（苦笑）。たしかに休まないのが一番だと思うけど、人間は無限に動き続けることはできませんからね。技を受けたダメージも、人間には限界があるんです。だから、自分たちの試合を変えることで、ファンの人たちの意識も変えていければと思っていたんですけど、結局、ファンの意識を変えきれなかったから、ああいう事故もあったんだろうし。難しいですね。僕ひとりでできることでもないですから。

プロレスは難しいですよ。どこまでやればいいのかというのもあるし、試合をやっているうちに、止まらなくなるんですよね。ファンの声援を受けると、その声援をもっともらうために、より以上、より以上という思いが出てきますから。一人前のレスラーでも、歯止めがきかなくなるんですよ。だから、発言力がある人がちゃんと団体内にいて、試合内容についても『これ以上はダメ』と、どこかで判断を下して止めないと、選手は突っ走っちゃう。かつての全日本やノアでは、そういう人がいなかったので、あそこまでエスカレートしてしまったんです」

「脳天から落とす技はやめなさい」

三沢が亡くなった3年半後の12年12月、小橋が引退を表明。秋山はノアを退団しフリーとなった。そして13年7月に全日本に再入団すると、その1年後の14年7月に、全日本を運営する新会社「オールジャパン・プロレスリング株式会社」の代表取締役社長に就任し、かつての三沢と同じ社長レスラーとなる。秋山は、社長になったからこそ、あの頃の三沢の苦労もわかるようになったという。

「僕はいま48歳なんですけど、三沢さんが亡くなった年齢である46歳のときは怖かったんですよ。ビビってましたね。団体の社長で46歳っていうのは『三沢さんが亡くなったときと同じ立場』って、周りからも言われるじゃないですか。会社も大変な時期だったし、自分も不整脈が出たりして『やべえな』って。だから47歳になったときは、ちょっとホッとしましたね」

そして秋山が社長になって以降、一時期はゴタゴタ続きでファン離れに歯止めがかからず、崩壊寸前にまで陥っていた全日本にも徐々に信用が戻った。

「社長という団体のトップに立ったんで、選手たちにもハッキリ言いました。『脳天から落とす技はやめなさい』って。

全日本の選手ってみんなデカいんで、そのダメージっていうのは甚大なんですよ。デカいんだから、ヘビー級のレスラー同士がぶつかり合う、その迫力で魅せろよって。ほかの団体と同じことをしなくても、全日本にはほかにないものがあるんだから、それを前面に出せって言いました。たとえば、石川(修司)選手とジョー(・ドーリング)みたいな、2メートル近いレスラー同士がぶつかりあったら、それだけでお客さんは『おーっ!』ってなりますからね。別に脳天から落とす必要はないんですよ。

WWEだってそうじゃないですか。WWEもでっかい選手がたくさんいて、頭から落とす技をやらなくても、迫力ある試合を観せられている。WWEも一時期は、『それはダメだろ』っていう、危険な動きもありましたけど、一歩間違えたら大事故になるから、そういった技はなくなっていったわけですよね。そういった最低限の制限は必要だと思うんですよ。

だから、僕は試合に関しては選手の自由でいいんですけど、大事故が起こりかねない技を使うというのは『ダメ』。そこだけですね。あとは選手の体調やケガについても、客観的に見て、『これはダメだ』と思ったら休んだほうがいい。デビュー戦が決まっていた若い子に急性硬膜下血腫が見つかったので、レスラーを諦めさせたこともあります。やらせてあげたかった気持ちはありますけど、命が一番大切ですからね」

三沢光晴が亡くなって14年。あの悲劇の教訓は、秋山準を通じて、古巣の全日本でしっかりと生きているのだ。

平成プロレス10大事件⑩ **三沢光晴がリング上で非業の死**

「三沢社長は万が一を考え対戦相手への手紙を残していた」

告白 齋藤彰俊

取材・文●堀江ガンツ
撮影●山田南星

PROFILE

齋藤彰俊

さいとう・あきとし●宮城県出身、1965年生まれ。90年12月、剛竜馬のパイオニア戦志でプロレスデビュー。W★INGでは徳田光輝、木村浩一郎とともに「格闘3兄弟」として活躍。92年1月から新日本プロレスに参戦し、青柳政司、越中詩郎らと反選手会同盟（後の平成維震軍）を結成。00年10月以降は、プロレスリング・ノアに参戦し、06年1月、正式にノア所属選手となった。09年6月13日にリング上の事故で死亡した三沢光晴の最後の対戦相手となった。

三沢光晴の不幸な事故から、14年が経った。

あの日以来、三沢光晴最後の相手という重い十字架を背負ってきた齋藤彰俊に、筆者がインタビューするのは、これで3回目だ。齋藤にとってあまりにもつらい記憶を、また思い返してもらわなければならない。そんな思いから取材の冒頭で、いま一度あの日を語ってもらうことへの謝辞を告げると、こんな言葉が返ってきた。

「いや、三沢社長のことは、毎朝拝んでご挨拶をしていますし、巡業バッグにも写真を入れて持ち歩いていますので。わざわざ思い出すということではなく、常に心のなかにいますから……」

齋藤彰俊は14年経ったいまでも、毎日、あの日の出来事と向き合っていたのだ。

齋藤にとって三沢は、プロレスラーとしての幅を広げ、成長するきっかけをつくってもらった恩人でもあった。

1992年、新日本プロレスの小林邦昭との、〝プロレスvs空手〟因縁の果たし合いから注目された齋藤は、その後、越中詩郎率いる平成維震軍で活躍。気迫を前面に出す一本気なファイトは多くのファンを獲得し、新日本で確固たる地位を築く。しかし、いつしかメジャー団体の中堅クラスに安住し、サラリーマン化しつつあった自分に疑問を感じ、「ハングリー精神を取り戻すため、すべてを捨てようと」、98年に新日本を退団してしまう。

そこから2年間プロレスから離れていた齋藤が、マット界に戻ったのは、三沢との出会いからだった。

三沢の動きに感じたわずかな違和感

「新日本を辞めたあと、あらためて『プロレスってんだろう？』と考えたんですよ。それがわかるためには、僕はアントニオ猪木さんがつくった新日本のプロレスは体験したけれど、もう一方のジャイアント馬場さんのつくった全日本も経験しないとダメなんだろうな、と思ったんです。そんなとき、名古屋で三沢社長とお会いする機会をつくっていただいて、『あっ、この人の下でやってみたい』と感じたんです。プロレスリング・ノアは、かつて全日本に所属していた選手の大半がいる団体でしたしね」

そして齋藤は、２０００年10月からフリーとしてノアに参戦。ブランクを感じさせないファイトを展開する。

「ノアのいわゆる〝受けのプロレス〟というのは、ものすごく勉強になりました。僕はそれまで新日本で、『攻撃こそ最大の防御』だと思って闘ってきたんですけど、ノアに来て、自分の攻撃をすべて受け切られたあとの怖さというのは、攻撃にも勝るものがあって、プロレスにおいては『防御こそ最大の攻撃』になりうるということを、思い知らされましたからね。

あと、自分はそれまで、なかなか空手のイメージが抜けなかったんですけど、ノアに来てから、ようやくそこから脱却して、いまのスタイルができあがったんですよ。だから自分はノアで、本当の意味で『プロレスラー』になれたと思ってます」

齋藤は02年から秋山準の正パートナーとなり、ノアの看板タイトルの一つであるGHCタッグ選手権を奪取。名実ともにトップレスラーの仲間入りを果たす。そしてノア参戦から5年後、三沢から「ウチになくてはならない存在になったから、所属にならないか?」と打診され、06年1月1日付で正式にノア所属となった。

しかしその3年半後、〝運命の日〟が訪れてしまう。

09年6月13日、広島グリーンアリーナで行なわれた王者組・齋藤彰俊&バイソン・スミスvs挑戦者組・三沢光晴&潮﨑豪のGHCタッグ選手権試合。この試合中、齋藤は三沢の動きにわずかな違和感を感じていた。

「試合が終わったあと、思い返してから気づいたことなんですけど、三沢さんがコーナーにのぼる際、一度、セカンドロープから足を踏み外したんです。汗ですべったのか、それともほかの原因があったのか、僕にはわかりません。でも、三沢さんが足を踏み外すなんてめったにないことなので、記憶の片隅に残っていたんです。

その後は、普段ととくに変わらなく試合を続けて、バックドロップの角度もいつも通りだったんですよ。それで僕は投げたあと、次にラリアットかニールキックにいこうと、コーナー付近で立ち上がるのを待っていたんです。ところが、なかなか立ち上がってこなくて……。もちろん選手権試合で、試合時間も20分以上が過ぎていましたから、簡単に立ち上がれるものではありませんけど。それにしても長すぎる、おかしいぞ……と思ったら、レフェリーが近づいていって。そのときに、なにか起こったんだ、と思いました」

バックドロップで投げられた三沢は立ち上がることができず、意識不明・心肺停止状態となってしまう。リング上では、すぐさまノアの浅子覚トレーナーや、客席にいた二人の医師による懸命の蘇生措置を行い、そのまま広島大学病院へ緊急搬送されたが、午後10時10分、帰らぬ人となってしまった——。

プロレスを辞める、命を絶つという選択

齋藤がその報せを聞いたのは、三沢が蘇生措置を受けていた病院の通路だったという。

「亡くなったと聞いた瞬間、頭が真っ白になりました。そんなはずはない、嘘であってほしいと……。その一方で、現実を受け入れなければいけない、とも思いました」

齋藤は朝まで病院で三沢の遺体と寄り添っていたが、ノアは広島大会の翌日も博多スターレーンで興行が入っていたため、関係者から「一度、ホテルに戻りなさい」と

促され、徒歩でホテルに戻ることにした。その道すがら、コンビニ店頭のスポーツ紙朝刊1面から、「三沢死す」の見出しが齋藤の目に飛び込んできた。いくら嘘であってほしいと願っても、否応なく、現実だと思い知らされる。

「自分はこれからどうしたらいいんだ」

齋藤はホテルに帰る途中の川面を見つめながら、今後の身の振り方を考え始めた。

「川を見ながら、まずどう責任を取ればいいのか考えたんです。プロレスを辞めるべきなのか、それとも人生そのものを辞めてしまうべきなのか……。簡単に答えが出る問題じゃないですけど、自分には何日も悩む時間はなかったんです。もう、その日の夜、試合があるわけですから。まず、その試合をどうするのか、バスが博多へ出発するまでの1～2時間で、決断しなければいけない。

いろんなケジメの付け方があると思いますし、どれが正しいのか自分のなかでも答えはありません。ただ、そのとき自分は、『三沢さんがああいう形で亡くなり、自分がプロレスを辞める、命を絶つという選択をしたとしても、そうなったとき、ファンの方や身内の方が、怒りをぶつける矛先がなくなってしまうんじゃないか。そうしたら、持っていきようがない怒りと悲しみだけが残る、それはダメだ』と思ったんです。だったらどうであれ、みんなの前に堂々と出て、すべてを受け止めようと思ったんです。

そこで自分が逃げて、自分なりに責任を取ったとしても、それは自己満足でしかないのではないか。みなさんの怒り、悲しみ、やりきれぬ思いを受け切らなければいけない。だから博多のリングに上がろうと決めました」

「刺されてもいい」という気持ちで憎悪を背負った

こうして齋藤は現役続行を決断。博多スターレーンで行なわれた試合にも休まず出場し、試合後は三沢の遺影に向かって涙ながらに土下座した。

「すべてを背負ってというとカッコよく聞こえるかもしれませんけど、実際に自分が最後にバックドロップで投げた人間ですから、すべては自分が背負うしかない。あのときはネットの書き込みもすごかったですから、『刺されてもいい』という気持ちでした」

悲壮な決意でリングに上がった齋藤に対し、博多の観客からは、熱い歓声が送られた。しかしその一方で、ネット上では悲しい現実を受け止めることができない一部ファンから、齋藤に対して「人殺し」「プロレス辞めて一生償え」など、非難の声も次々と書き込まれた。また、雑誌や新聞に掲載される、関係者のコメントのなかには、元プロレスラーが齋藤のバックドロップを痛烈に批判するものもあった。

「あの件に関して私は一回も言い訳をしたことはありませんし、『あんな投げ方をし

たら』という格闘家の方もいましたが、そこにも反論はしません。以前、天龍（源一郎）さんと対談させていただいたとき、天龍さんは事情をわかっていただけているところもあるので、『齋藤、言いたいことを言えよ』って言われたんですよ。でも、それを言ってしまったら、自分の考えに反するという思いがあったんですね。わかる人はわかってくれるので、それでいいと。ただ、最近一つ思うのは、『現実と真実がある』ということなんです。

自分は、最後にバックドロップで投げて、ああいう状況になったという『現実』を受け止めています。だから、受け止めている以上はなにも言いません。そのうえで、もう一方にあるのは、お医者様が話された医学的な『真実』です。たしか、三沢社長が亡くなられた6年後に出た本で、あのとき、集中治療室で措置にあたったお医者様が、実名でお話しされているんです」

その本とは、15年に発行された『2009年6月13日からの三沢光晴』（長谷川晶一著／主婦の友社）だ。そこでは、三沢の搬送先である広島大学病院の担当医、貞森拓磨医師が実名で死因について語っている。

「それを読むと、死因は頸髄が完全に切れた頸髄離断なんですけど、お医者様すらその症例はみたことがないらしいんです。もし、あるとすれば車のひき逃げに遭って何メートルも引きずられるか、頭を2～3回捻って回すようなことで初めて見られる症状で。その際も、頸髄が離断するなら、首の骨折や脱臼があるはずなのに、骨にも損傷はなかった。そんなことが起こりうるのか、お医者様でもわからないらしいんです。

僕はそれをもって、言い逃れしたいわけでも、齋藤は悪くなかったんだと言いたいわけでもない。ただ、お医者様でもわからない『真実』があるということを知ってほしいということだけです。

それでも叩く人はいるでしょうし、叩くことで悲しみが減るのであれば、僕はそれをすべて受け止めます。責任がないとも言いませんし、あの現実から逃げることもないですけど、医学でもわからないことが起こりうる、リング上は夢と希望を与えるとともに、そのようなリスクもありえるということだけは、わかっていただけたらと思います。私自身も常にそのことを胸にリングに上がっていますので」

「試合中に自分になにかが起こったら、対戦相手に伝えてくれ」

死因は齋藤のバックドロップによるものではない。医師でも直接の原因はわからない事故によるものだった。周囲のレスラーからも、そして三沢の遺族からも、齋藤を責める声は皆無だった。

それでも、三沢の最後の相手だった「現実」は、齋藤の人生を大きく変えた。

「やはり一人の偉大なレスラーの命が絶たれたわけですから。それは自分の人生が続くかぎり、忘れてはいけないし、忘れられないものですね。もちろん僕も人間ですから、生きていれば笑うこともありますし、良いことと悪いこと、どちらもあります。でも、昔のように、なんの屈託もなく無邪気に笑ったりすることは、もうなくなりました。

あの6月13日以前に、もし戻れるなら戻りたいですよ。もしくはあれが夢であって、『あっ、三沢社長、お疲れ様です！』と言えたら、どれだけいいことか。でも、時間を戻すことはできないのだから、前に進むしかないんですよね」

三沢が亡くなって1カ月が経つ頃、齋藤は生前の三沢とプライベートで親しかった人物から、手紙を受け取った。

その手紙は、「万が一、試合中に自分になにかが起こって、話すことができなかったら、その対戦相手に伝えてくれ」と三沢が言っていたという言葉を、「一字一句間違えないように書き留めておいた」というものだった。

「手紙の詳しい内容を公開することは控えさせていただきたいのですが、そこには生前の三沢社長が、あってはならないことですけど、こういうことが起こることを予期していたかのような、プロレスラーとしての覚悟が綴られていたんです。それを全部読んだとき、『逃げなくてよかった』『自分が出した答えは、間違えじゃなかったんだな』と思いましたね。これで自分が崩れて、変なことになったら、三沢社長に申し訳がたたないところでした」

そして、手紙の最後には〝対戦相手〟に対して、「答えは自分で見つけるしかない」と書かれていたという。

「あれ以来、その答えをずっと探し続けていますね。リングの上で頑張り続けるのも一つの答えじゃないかと思って闘い続けていますけど、まだ本当の答えはわかりません。ただ、最近は自分が三沢社長の最後の相手になったことには、意味があるんじゃないかとも思うようになったんですよ。試練なのか、使命なのかわかりませんけど、齋藤彰俊じゃなきゃダメだったのかなって。そして、自分がもしあの事故をいい方向に役立てることができたら、三沢社長の価値を落とすことにはならないのではないかとも思ったんです。

たとえば、誤って交通事故を起こし、愛する我が子の命を奪ってしまった人。憎しみなどなく愛情しかないのに、結果的にそういうことを起こしてしまい苦しんでいる人もたくさんいるでしょう。もし自分が生きて、頑張ってる姿を見せることができたら、そういう人たちにも、なにか感じてもらうことができるんじゃないか、そんなふうにも思うんです」

命の大切さを語りながら、齋藤は涙を流していた

あの事故以来、齋藤は〝命〟というものに対しても、深く考えるようになったという。

「世の中には、いろんな方がいると思うんですよ。人生に絶望したり、いまある自分の境遇があまりにもつらかったりして、自分の命を絶つという選択をする方もいらっしゃいます。ただ、これだけは声を大にして言いたいんですけど、つらいこともあるでしょう、耐えられないほど苦しいこともあるかもしれない、だけどせっかく神様から与えられた命じゃないですか。三沢社長だって、望んで天国に行ったわけじゃないと思うんで。命を粗末にだけはしてほしくないんです。それは自分の命もそうだし、他人の命もそうです。

こんなことを、あの事故の当事者である齋藤が言うことではないかもしれないですけど、命を粗末にはしないでほしい。とくに最近、若い人たちに多いじゃないですか。だから、これだけは伝えていきたいですね。それも自分の使命じゃないかと思いますし。この命の大切さということも含めて、三沢社長からは天国に行かれてからでも、いろいろ教えてもらっている気がします」

命の大切さを語りながら、齋藤は涙を流していた。

「このインタビューを読んだり、僕の発言を聞いて、『齋藤の言ってることは不正解

だ』と思う方もいらっしゃるでしょう。でも、これぱかりは、自分で答えを見つけ出さなければしょうがない。いまだ、すべての答えは見つかっていないので、人生を重ねるなかで、これからもその答えを探していくんだと思います。そして、その答え合わせというのは、向こうに行って、三沢社長とお会いしたときにできるのではないのかなと。だから、いつの日かまた胸を張って三沢社長とお会いできるように、これからも生きていこうと思います」

参考文献

●書籍

『プロレス、至近距離の真実：レフェリーだけが知っている表と裏』（ミスター高橋／講談社／１９９８年）
『新日本プロレス事件簿』（竹内宏介／日本スポーツ出版社／１９９９年）
『流血の魔術 最強の演技―すべてのプロレスはショーである』（ミスター高橋／講談社／２００１年）
『最強のプロレス団体ＵＷＦインターの真実～夢と1億円～』（鈴木健／エンターブレイン／２００２年）
『Ｕ．Ｗ．Ｆ．最強の真実』（宮戸優光／エンターブレイン／２００３年）
『流血の魔術 第２幕 プロレスは誇るべきエンターテインメント』（ミスター高橋／講談社／２０１０年）
『１９６４年のジャイアント馬場』（柳澤健／双葉社／２０１４年）
『安生洋二２００％の真実』（安生洋二／地球丸／２０１５年）
『２００９年６月13日からの三沢光晴』（長谷川晶一／主婦の友社／２０１５年）
『6月13日を忘れない 三沢光晴最後の一日』（『週刊プロレス』編集部／ベースボールマガジン社／２０１５年）
『１９８４年のＵＷＦ』（柳澤健／文藝春秋／２０１７年）
『証言ＵＷＦ 最後の真実』（前田日明＋藤原喜明＋山崎一夫＋船木誠勝＋鈴木みのる ほか／宝島社／２０１７年）
『新編 泣けるプロレス』（瑞佐富郎／ｓｔａｎｄａｒｄｓ／２０１７年）
『前田日明が語るＵＷＦ全史 上』（前田日明／河出書房新社／２０１７年）
『前田日明が語るＵＷＦ全史 下』（前田日明／河出書房新社／２０１７年）

●雑誌

『新日本プロレス事件簿―猪木の日本プロレス追放から藤波新政権誕生まで…』（竹内宏介／日本スポーツ出版社／１９９９年）
『防御は最大の攻撃なり!!―全日本プロレス馬場「戦略」の真実!?（下巻）』（竹内宏介／日本スポーツ出版社／２０００年）

『迷宮Xファイル―あの事件はいったい何だったのか!?』（芸文社／２００４年）
『ＮｕｍｂｅｒＰＬＵＳ プロレスに殉じた男 三沢光晴』（文藝春秋／２００９年）
『マット界 噂の三面記事【底が丸見えの底なし沼を探る!】』（晋遊舎／２０１１年）
『別冊宝島 新日本プロレス10大事件の真相』（宝島社／２０１４年）

本書は小社より2018年1月に刊行した
『告白 平成プロレス10大事件 最後の真実』
を改訂、再編集したものです。

宝島
SUGOI
文庫

告白　平成プロレス10大事件 最後の真実

(こくはく　へいせいぷろれすじゅうだいじけん さいごのしんじつ)

2024年1月1日　第1刷発行

著　者　長州力+前田日明+川田利明+秋山準+齋藤彰俊 ほか

発行人　蓮見清一

発行所　株式会社 宝島社

〒102-8388　東京都千代田区一番町25番地

電話:営業 03(3234)4621／編集 03(3239)0927

https://tkj.jp

印刷・製本　株式会社広済堂ネクスト

本書の無断転載・複製を禁じます。

乱丁・落丁本はお取り替えいたします。

©TAKARAJIMASHA 2024

Printed in Japan

First published 2018 by Takarajimasha, Inc.

ISBN 978-4-299-05061-8